我喜屋優

甲子園の歴史を動かした男

加来慶祐

竹書房

はじめに

その強さは、あまりにセンセーショナルすぎた。そして、あれから13年もの年月が経過したにもかかわらず、いまだにその余韻が薄れることはない。

史上6校目の春夏連覇を達成した、2010年の興南（沖縄）である。

当時の興南はトルネード左腕の島袋洋奨、山川大輔のバッテリーをはじめ、前年春夏の甲子園を経験していた国吉大陸、銘苅圭介、真栄平大輝、慶田城開、伊礼伸也、そして主将の我如古盛次が中心のチームで、後にオリックスでプレーする下級生の大城滉二も加わり、投打にライバルたちを圧倒していくのだった。

春は5試合でチーム打率・332、36得点。全試合で二けた安打を放ち、準決勝、決勝は二けた得点だ。打線を引っ張ったのは大会記録タイの1大会13安打と打ちまくった我如古で、1回戦、2回戦ではこちらも個人での最多タイ記録となる8打席連続安打を達成するなど、神がかり的な打棒を見せつけている。

一方、チーム防御率は8強進出チームで唯一2点台を切る1・13を記録した。エース島袋は全5試合に先発し、準決勝を除く4試合で完投した。前年の春に1試合19個の三振

（延長10回）を奪ったドクターKっぷりを発揮し、関西（岡山）との初戦で14奪三振をマークするなどして、46回で49奪三振。大会を通じて与四死球はわずかに4、失点8（自責6）で防御率は圧巻の1・18だ。決勝でも延長12回198球を投げ切り、世代ナンバーワンを証明してみせたのだった。

夏になると、打線の破壊力は一段とアップ。慶田城、国吉大陸とふたりの5割打者を筆頭に、5人の4割超打者が打線を引っ張り、チーム打率は・399に上昇。3回戦の仙台育英（宮城）戦を除く5試合で二けた安打をマークし、6試合で50得点を挙げた。東海大相模（神奈川）との決勝も19安打で13得点と大爆発。決勝の1イニング7得点は史上最多タイ記録で、19安打、得点差12も史上3位タイだった。

投げては6試合すべてに先発し、4完投した島袋が、春に続き防御率1・94と圧倒的な安定感を見せる。低めにグイッと伸びてくる独特のストレートを武器に、投球回51を上回る53個の三振を奪ってみせた。一方で、ツーシームなど変化球を駆使して打たせて取るシーンも増えるなど、それまでとは違った新しい投球スタイルも見せつけている。この優勝で、島袋は松坂大輔（横浜）に並ぶ甲子園11勝を達成。13試合中7度の二けた奪三振をマークし、通算では115回2／3を投げて130奪三振を記録した。これは1位・桑田真澄（PL学園）の150奪三振に次ぐ歴代2位の大記録だ。文字通り、投打に「記録的」な強さを発揮しての春夏連覇だったと言えるだろう。

これだけの強さを誇ったチームを率いたのは、言うまでもない。ご存じ、我喜屋優監督である。社会人野球の大昭和製紙北海道で活躍し、道勢初の都市対抗野球優勝に貢献した「強打の外野手」である。自身、興南のOBで1968（昭和43）年の夏には主将として夏4強入りを果たし〝興南旋風〟の立役者となった人物だ。

「僕自身は、高校3年夏の甲子園準決勝で興国（大阪）に0－14で大敗し〝逃した魚は大きかったな〟という思いをずっと引きずっていたね。それ以来、沖縄県の夏優勝は、僕だけでなくすべての県民の共通の悲願になったんだ」

と、夏の決勝前に語った我喜屋監督。12点リードで迎えた最終回には「本当に〝いつになったら沖縄県が夏に優勝できるんだろう〟と思って生きてきただけに、9回の守りはあまり試合が目に入らなかったよ」と、勝てない県勢の歴史が走馬灯のように駆け巡ったのだという。

しかし、我喜屋監督には「勝てない地域」を勝たせてきた実績と経験がある。社会人時代は前述のように、北海道勢として初めて都市対抗優勝を果たした。ちなみに、大昭和製紙北海道は翌年の大会でも準優勝。あと一歩のところで都市対抗連覇を逃している。なお、並みいるライバルが名を連ねた北海道地区において、4年連続で都市対抗の第一代表となり〝不滅の記録〟とも言われる予選16連勝を成し遂げたこともある。都市対抗18度出場で、

32勝（17敗）。チーム解散後には町民球団「ヴィガしらおい」の監督となり、クラブチームとしては17年ぶりとなる都市対抗出場をも達成した。

駒大苫小牧（南北海道）の香田誉士史監督（現・西部ガス監督）が「北海道の冬を制覇できない」と我喜屋監督に相談したところ「雪が邪魔だったら、どかせばいいじゃないか」と、何食わぬ顔で一刀両断にされてしまった話はあまりにも有名だ。

「雪に覆われた半年間の逆境を言い訳にしているのがおかしい。だったら、北海道で野球なんてやらなきゃいいじゃないか」

その後、香田監督はブルドーザーでグラウンドを除雪し、雪上ノックや雪上紅白戦を行いながらチームを強化して、２００４年に北海道勢初の甲子園優勝を達成した。翌年は連覇し、さらにその翌年も3年連続での甲子園決勝進出という離れ業を成し遂げた駒大苫小牧に、外部コーチとして参画していたのが我喜屋監督だ。このように、野球人として完全に北の大地を支配していたという自負が、我喜屋監督にはある。

その後の興南による大偉業は、駒大苫小牧と北海道の野球界に黄金時代をもたらした「気づきの野球」、「言い訳が通用しない野球」、「逆境を味方にする野球」、「非常識を常識と捉える野球」をチーム内に浸透させ、達成されたものだ。以降、これらのワードを基にしたチーム作りを倣わんとする後進指導者が続出したことから、春夏連覇の後に我喜屋監督関連の書籍が相次いで出版された。また、全国各地の講演や講習会で引っ張りだこになるなど、一時は我喜屋監督の存在自体が高校野球界の一大ムーブメントとなった感さえあった。

春夏連覇の2010年。甲子園で倒してきた相手の存在が、興南の強さをより引き立てている。ここに春と夏の対戦相手と、試合結果を並べてみよう。

4－1関西、7－2智辯和歌山、5－0帝京（東東京）、10－0大垣日大（岐阜）、10－5日大三（西東京）。

9－0鳴門（徳島）、8－2明徳義塾（高知）、4－1仙台育英、10－3聖光学院（福島）、6－5報徳学園（兵庫）、13－1東海大相模。

このうち、当時の時点で甲子園優勝経験のある学校が7校。全国の高校野球ファンで知らぬ者のいない名門校ばかりだ。春の準決勝で戦った大垣日大に甲子園優勝経験はないが、チームを率いる阪口慶三監督は東邦（愛知）を率いて優勝1回、準優勝2回。大垣日大でも準優勝1回の名将である。阪口監督だけでなく、智辯和歌山の高嶋仁監督、明徳義塾の馬淵史郎監督、帝京の前田三夫監督、報徳学園の永田裕治監督と、相手は優勝経験のあるレジェンドばかり。そして、春の決勝を戦ったのは日大三の小倉全由監督、夏の決勝を戦ったのが東海大相模の門馬敬治監督だ。

次から次に立ちはだかる「高校野球の象徴」とも言うべき存在を立て続けに撃破する姿

に、私は戦慄すら覚えた。名だたる歴戦の強豪を倒していくたびに、高校野球の長い歴史の中で築かれてきた常識や思想が、いちいち打ち砕かれていくかのような印象を受けたからだ。高校野球の歴史を築いてきた名門の砦が、社会人野球出身の我喜屋監督が持ち込んだ新しい価値観によって、次々と突破されていくのである。

じつはここにこそ、興南の強さを今あらためて振り返らなければならない理由があると思っている。強すぎた2010年の興南と我喜屋監督の存在は、現在に至る高校野球の流れすら変えてしまったと考えられるからだ。

全国各地の指導者が我喜屋監督の野球や選手作りに触れたことで、その我喜屋スタンダードは地方から都市部を含め全国へと拡大した。「我喜屋さんの話を聞いて、指導スタイルそのものが変わった」という声も、当時はずいぶん耳にしたものである。2011年の甲子園は、春が東海大相模、夏は日大三が優勝した。前年に決勝で興南に敗れた両チームがともに優勝したという事実。これも興南の影響によるところがあったのか、どうか。

一方で、興南の強さや沖縄の選手の身体能力の高さを見せつけられたことによって、関東や近畿、東北の強豪の目が、より沖縄県に向くようになったと言われている。たしかに、2010年頃を境に、沖縄出身者の県外流出が増加したのは事実だ。多い年で年間100人に迫る中学生が本土の学校へと進学するなど、沖縄県内の空洞化が進んでいると危惧する声が年々高まっているのである。実際、沖縄県勢は2010年以降、春夏の甲子園で5

度の8強が最高と、一時の勢いが完全に失せてしまった感がある。こうした現象は沖縄にとどまらず、現在は福岡県を含む九州各県にも同様の事態が起きている。

また、その頃から高校野球の〝都市型一極集中〟が加速した印象も強い。2011年以降は、春夏の甲子園では関東勢が9度、近畿勢が11度優勝しているが、それ以外の優勝は春が2015年・敦賀気比（福井）、2019年・東邦の2度。夏は2022年の仙台育英のみだ。以前のように地方の学校が優勝したり、番狂わせを起こしたりするケースが極端に減ってしまったと感じているファンも多いことだろう。

強すぎた興南、そして我喜屋優という指導者の出現が、高校野球の歴史を変えてしまったのかは定かではない。ただ、2010年に起きた史上6校目の春夏連覇が、動き始めた歴史の転換期に起きた一大事だったことは間違いない。

今回は我喜屋優監督、現在は母校で指導にあたる島袋洋奨コーチという偉業の立役者だけでなく、身を持って興南の強さを知った側、つまり甲子園の決勝で興南に敗れた小倉全由監督、門馬敬治監督も直撃した。さらに我喜屋監督の助言を容れ、北海道に初の深紅の大優勝旗を渡らせた香田誉士史監督の証言を踏まえ、あらためて歴史的偉業が高校野球界に何をもたらしたのかを紐解いていく。

読者のみなさんには、本書を通じて過去と現在を行き来しながら〝我喜屋興南〟の真の強さに触れ、そしてその強さが時代にどれほどの影響を与えたのかを、筆者とともに探っていただければ幸いだ。また、これからの野球界の〝カタチ〟を考えるきっかけの一端になれば、とも願う。

それでは、足を踏み入れてみよう。琉球トルネードが吹き荒れたあの頃に。

目次

特別証言 1

香田誉士史［西部ガス監督（元・駒大苫小牧監督）］

我喜屋さんはすべての指導者に対して「言い訳は通用しないぞ」というメッセージを残した

第二章

「全国的強豪」の座を不動のものとした春の挑戦

「打てない興南」からの脱却

特別証言 **2**

準決勝の結果が勝負の分かれ目に⁉ 数々の「誤算」は先入観と恐怖心から生まれた

小倉全由〔前・日大三監督〕

第三章

県民の悲願、夏の甲子園優勝までの道のり

沖縄県に深紅の大優勝旗をもたらした「我喜屋流」

特別証言 **3**

門馬敬治［創志学園監督（前・東海大相模監督）］

「この人には勝てるわけがない」野球の技術や身体能力をも上回る人間力

特別証言 **4**

監督は高校野球を通じて多くの人材を残した
超えられない恩師の存在

島袋洋奨［興南コーチ］

第四章

危惧すべき「高校野球からの逸脱」

地域全体で野球を通した子育てを

特別証言 5

香田誉士史［西部ガス監督（元・駒大苫小牧監督）］

日本の両端を野球界の中心にした男
我喜屋さんの存在がターニングポイントになった

終　章

春夏連覇は〝心の絆・結束〟を高めた

再び前進を開始した名将を支えた人や風土

第一章

「日本野球の常識」への挑戦

北海道（社会人野球）から、沖縄（高校野球）へ

社会人野球を制した男

まずは本題に入る前に、我喜屋監督の球歴をあらためて振り返っておきたい。

我喜屋優監督は1950年、6月23日に沖縄県島尻郡玉城村（現・南城市）で生まれた。自身も興南OBで、高校3年夏には主将として1968年の第50回選手権大会に出場。4番・センターの中心選手で、ピッチャーとしても2試合に登板するなどして、チームを県勢初の4強へと導いている。

それ以前の沖縄勢といえば、1958年の夏に首里が初出場を果たして以来、春夏を通じての勝利は1963年夏に首里が挙げた1勝のみ。「沖縄勢の1勝は優勝に値する」と言われた時代に、4勝を挙げる大躍進を遂げたのだ。依然として、アメリカ統治下の沖縄県に一大センセーションを巻き起こした「興南旋風」。その立役者のひとりが、我喜屋監督だったのである。

高校を卒業後、我喜屋監督はパスポートと就労ビザを握りしめ、社会人野球の大昭和製紙（静岡県富士市）へと進む。入社2年目には都市対抗野球で優勝を経験。当時のチームを率いたのが、後に近大付（大阪）監督として甲子園にも出場し、早稲田大監督としてもチーム史上初のリーグ戦4連覇を達成するアマチュア野球界きっての名将・野村徹監督だった。選手間で「野村一徹」と呼ばれるほどの厳しい指導もあって、我喜屋監督は3年目シーズンに出場機会を増やしていった。

入社4年目に「3年ほど北海道に行ってこい」との辞令を受け、大昭和製紙北海道（白老町）へと移籍する。

「忘れもしないよ。1972年の1月10日、初めて降り立った北海道の地はマイナス12度よ。正直、人の住むところじゃないと思ったさ」

年間平均気温22度の沖縄で育った我喜屋監督にとっては、すべてが異質の北海道だった。しかし、自ら「僕はカメレオンのような人間」と言うだけあって順応も早く、早々にチームの主力選手に定着した。強打の外野手として中軸の一角を任され、1973年の都市対抗では、プロ野球の広島で活躍した日本楽器（浜松市）の剛腕・池谷公二郎から本塁打を放ち8強進出の原動力に。翌1974年の都市対抗でも準々決勝の電電関東（東京）戦で本塁打を放つなどして、北海道勢初の都市対抗優勝に貢献したのだった。この頃には、我喜屋監督は社会人を代表する外野手としての地位を不動のものとしており、社会人日本代表の一員としてキューバ遠征にも参加している。

なお、翌1975年も都市対抗で準優勝。1981年には日本選手権で準優勝を果たし、1987年に現役を引退した。その後は大昭和製紙北海道で監督となり、野球部解散後の

1994年には、大昭和製紙北海道を前身とする町民球団「ヴィガしらおい」の監督に就任。その翌年、クラブチームとしては17年ぶりとなる都市対抗出場へと導いたのだった。その後は白老町の観光協会で副会長などを歴任しながら、駒大苫小牧の外部コーチ（アドバイザー）として加わり、2004、05年の夏連覇を支えた。

2006年の夏、甲子園のアルプススタンドで、駒大苫小牧と早稲田実（西東京）による決勝戦再試合を観戦した直後のことだった。沖縄からの「運命」とも言うべき電話を、我喜屋監督は受けたのである。

「野球部を見てほしい」

母校再建を託された我喜屋監督は、北海道生まれの妻・万里さんを伴って、沖縄行きを決意し、2007年の春に興南の監督となった。「3年のつもりが34年も居ついちゃったよ」と、人生の大半を過ごした北海道を後にしたのだった。

ここからは、我喜屋監督が様々な経験によって培ってきた、独特とも言える野球観に迫っていく。

納得するまで対話を重ね、自ら変化に気づかせる

サングラスをかけた監督が、試合中に選手を説教している。それほどまでに、高校野球では監督からの指示が多いのだろう。それだけではない。社会人野球の選手、監督として活躍していた頃から、我喜屋監督には「高校野球は過去を踏襲している部分が多すぎる」と感じる部分が多々あった。

「やっぱり高校野球は監督によってチームが変わるものだけど、社会人野球のような本当の厳しさはあまり感じなかった。選手たちも『ハイ!』、『ハイ!』と軍隊のように返事をしているし、同じ一発勝負のトーナメントなのに〝1敗も許されない〟、〝もう後がない〟といった、社会人野球ほどの〝一発勝負の精神〟が全員に宿っているようには見えなかったんだ」

とくに我喜屋監督が疑問視したのは、高校をはじめ若年層の野球に多く見られる、一方的に押し付ける指導スタイルだ。我喜屋監督は現役時代、社会人の日本代表としてキューバに遠征。そこで受けた数々のカルチャーショックを自らの野球観と擦り合わせることによって、その後の指導者人生の礎にもなる「過去の日本野球を変革したい」との使命感を強くしている。

したがって、我喜屋監督が駒大苫小牧で高校生を相手に指導を行なう際、最初に実践したのが「納得するまで対話を重ねる」というやり方だった。

「打ちに行ってアウトになるか、ヒットになるか。その結果云々で怒る指導者が多いと、前々から感じていた。たとえば初球を打ち損じれば『一球目から手を出すな。この野郎！』。むしろ『OK、OK。ただし、ストライクとボールの見極めはしっかりやっていけ』と言えばいいのに。あるいは、フライを打ち上げる。『なんでフライを打つんだ！』と。ボールの下を打てばフライになるに決まっているでしょう。だったら『もうちょっとこうすれば良かったね』と言ってあげるのが指導でしょ。その結果、選手が自分の変化に気づいてくれたらOK。言って、教えて、変化に気が付かせることができれば、相手は理解したということになるので。

『なんで俺の言ったことが分からないんだ』では、ただの言いっぱなし。ところが当時はまだ、そういう指導がいっぱい残っていたわけ。まず大事なのは、練習の意味をしっかりと選手たちに理解させること。そして『お前は右の肩が下がっているから、こうやって直せばいいんだ。そうすれば、高めのボールも打てるようになるよ』と言ってあげる。この『打てるようになるよ』という言葉がミソなんだ。『やれ！』と言っても打てない子に、いくら練習させてもダメなものはダメ。でも『こうやれば打てるから。絶対に打てるから』と、指導の根拠を伝えてあげる。そうすることで、彼らの中に変化が生まれる。まずはそこからだったね」

「納得するまで対話を重ねる」とはいえ、妥協することを知らない我喜屋監督の指導は徹底している。駒大苫小牧では「僕に捕まったら大変だぞ。僕はどうせ暇なんだから、一晩中終わらないよ」と冗談を言うほど、選手自ら変化に気づかせるための指導を入念に行なっていた。

ストライクゾーンに来るボールは泥棒だと思え

我喜屋監督の指導は「日本野球の概念」との戦いでもある。したがって、指導の変革、考え方のシフトチェンジは、キューバ遠征を経験した社会人の時点ですでに行なっていたものだと言う。

「僕は昔から『胸に投げろ。この野郎!』と何度も怒られて育った選手。でも、そうやって言われるたびに〝胸にボールが来ないなら、自ら動いて捕ってあげれば、そこが胸(正面)になるじゃないか〟と思っていた。口には出さないけど、背中には出していたよ(笑)。

だから、指導者になった僕は言い方を変えてみたんだ。バッターに『正面で打て』と言う？　言わないよね。だったら『足を動かして正面で捕ればいいじゃないか』と言って、指導にも逆転の発想を持ち込んだわけ」

バッティングに関しても、キューバ流の打撃論をふんだんに駆使して指導にあたった。

「三振をした選手に『なんでカーブを狙わないの？』と聞くと『真っすぐが来ると思いました』と言う。〝お前、相手ピッチャーの心の中が見えるかくし芸でも持っているのか〟と思うよね。そもそも、そんな言い方をするバッターは、普段から狙っているボールのひとつ向こうをフルスイングしないからそういう結果に終わるんだ。『相手がアウトコース低めを狙ってきたとしても、お前の狙いがそこではないなら、まず打てないだろう』と言うわけさ。ストライクゾーンに入ってくるボールは、玄関に入ってくる泥棒と一緒。玄関の中には、愛する家族や恋人がいる。絶対、中に通してはいけない。だから、ストライクゾーンに来たボールは打ち返さなきゃいけないの」

自分の好きな美味しいものしか食べていないから、それ以外の料理がたとえ目の前に出されても手を出さない。そういう部分が根強く残っていた日本野球を、自分は変えてきたつもりだと我喜屋監督は言う。後に春夏連覇を達成した興南打線の源流も、こうしたキューバの積極打法にあると言っていい。

我喜屋監督は、実際にその肌で体感したキューバの野球などを根拠に、選手たちと対話を重ねていく。バットが下から出てくるため、速いボールを打てないバッターがいれば、至近距離から速いボールを投げてみる。もちろん、バットは空を切る。そこで「今度は上から最短で落としてみろ」と言うと、次第にボールを捉えるようになる。「ほら、当たるじゃないか。ゴルフだって上から下へダウンだぞ」などと言って、他のスポーツを例に挙げながら小さな成功体験を積ませていくのである。

「仕方がない」ではなく「仕方はある」

駒大苫小牧の香田監督は佐賀県出身。我喜屋監督と同じく、自然環境が北海道とはまったく異なる九州で生まれ育っただけに、北海道では苦戦の連続だった。その状況を打破しようと、香田監督は複数の高校野球指導者とともに我喜屋監督を訪ねた。しかし、そこで我喜屋監督は「冬の北海道を制覇できない」とこぼす香田監督を、一刀両断にぶった斬ってしまったのである。

「初めて会った日に、香田がこう言うわけさ。『大昭和製紙北海道は、我喜屋さんが来てから負けないし、他県の強豪よりも年間成績はずっと上。その秘訣は何ですか？』とね。その時に、僕が聞き返したんだ。『逆にお前たちはどんな練習をしているの？』と。彼らは『雪のために半年間は野球の練習ができない』と口を揃えたかのように言うわけ。僕は以前から、半年間の逆境を言い訳にしている北海道がおかしいと思っていたから、はっきりと『そんなことで勝てるわけがないだろう。だったら、北海道で野球なんてやらなきゃいいじゃないの』と言ってやったんだ。

以前から冬の北海道の練習を見て〝あぁ、これは絶対に勝てないな〟と思っていたの。香田に『雪をどかせりゃいいじゃないか』と言ったら〝そんなこと、できるわけがないでしょ〟と不貞腐れた表情を浮かべている。そして、彼らはすべてを『仕方がない』のひと言で片付けてしまおうとしていた。僕は『仕方がないことはない。〝仕方〟は、いくらでもあるよ』と。もはやアドバイスではないね。彼らが言うことすべてにダメ出しをし続けたんだ」

我喜屋監督を訪ねた複数人の中で、最後まで一番ねちっこく我喜屋監督の話に食い下がっていたのが香田監督だったという。他の指導者は〝そんなことを言われたって、どうせできっこない〟という表情を浮かべているように見えたが、香田監督だけは執拗だった。我喜屋監督は「彼は〝もう後がない〟と思っていたのか、すごく熱心だった」と当時を振り返っている。

こうして、駒大苫小牧の躍進とともに有名となった「雪上ノック」が誕生した。しかし、雪上練習は我喜屋監督が社会人の監督時代から行なっていた練習メニューでもある。雪の上では、アメリカンノックも決行した。捕球できなければ、ボールは雪の中に埋もれてしまう。それが嫌なら、雪かきをすればいい。「冬にロードワークができない」と言うなら、スキーを履いてクロスカントリーをすればいい。選手とスキーに行っても、1本目はリフトを使用させなかった。知恵を凝らせば、冬でも野球に繋がるトレーニングはいくらでもできると、我喜屋監督は譲らない。

「言いっ放しも悪いから、駒沢（駒大苫小牧）の練習を見に行ったわけ。すると、室内の練習は工夫してやっている感じはしたけど、そこでもダメ出しだよね。『いったい何をやっているの？』と尋ねると『走塁練習をしています』と。でも、よく見ていると、ベースの駆け抜けまでやっていないから、間一髪アウトの練習ばかりしているように見えたのさ。野球は駆け抜けもあるし、オーバーランもある。もちろん、頭から戻らなきゃいけない時もある。盗塁の練習とはいってもすべてGOなので、『牽制はないのか？』と言って帰塁の練習をさせるの。そういうところから、すべて実戦を想定した指導をしたんだ。

捕球練習も、構えた状態から前後左右にスタートさせて、捕球して送球する。内野手は直径10mの円が確保できれば、室内でも練習できるから。そうしたら『外野は練習できない』と言うわけさ。もう何を言っているんだ、と思ったね。室内の対角線でも40mはある。構えた状態から後方にダッシュして、後方に投げたボールを追いかけさせる。あるいは、40m向こうから前方のボールにダッシュさせればいい。室内とはいえ、相手がいないだけで、試合のすべてが再現できるんだ。球場ではなくても、個々の動きはすべて再現できる。基本的に野球は個の集団なんだから」

「僕は鬼コーチだった」と我喜屋監督は言った。社会人の監督時代から、仕事中に〝今日の練習は何をやらせようか〟と考えていたが、何かを思いついては我喜屋監督自身がそれを実践した。こうして、我喜屋監督からの高い要求に対して「無理です」と反論する余地をなくした駒大苫小牧と香田監督は、無意識のうちに夏「2・9連覇」への階段を駆け上がっていたのだった。

寮の屋上がビアガーデン!?　沖縄体質からの改善

興南における我喜屋監督の組織作りは、チームの〝体質改善〟から始まった。我喜屋監督が復帰した当初の興南野球部は、今となっては信じがたいような荒れ様だった。寮の部屋はゴミだらけで、我喜屋監督も「ゴキブリが大運動会をしているような状態」に唖然とする。また、集合時間に遅刻する選手が多く、食事も好き嫌いが多いために山ほどの残飯が出た。さらに、当時は保護者が寮に集合し、屋上で栄養会をするのだと言って酒盛りに興じる始末だ。

「最初は『栄養会を開いていただいて、ありがとうございます』と感謝していたけど、保護者は寮にビールまで持ち込んで、タバコも平気で吸っちゃう。完全にビアガーデン状態だよ。僕のカミさんが、そりゃもう怒っちゃってね。『何を考えているの！　自分たちの懇親会のためにやっているの!?　そんなことなら、どこかよそでやりなさい！』と怒鳴りつけたわけ。すると、本当に場所を移して懇親会をたくさんやっちゃうんだ。それも〝こんなお金がどこにあるのよ〟というぐらいに盛大にやっていた。そんなお金があるなら、ボールでも買ってくれよと思っていたぐらいだから」

我喜屋監督が大昭和製紙に入社し、最初に感じたのは「沖縄しか知らない〝井の中の蛙〟は、絶対に通用しない」ということだった。初めて社会という枠の中に置かれた時に感じた、あの感覚を思い出したのである。

「僕は沖縄独特の習慣から変えなきゃダメだなと思ったのさ。まず、挨拶しなくても大丈夫な沖縄。ご飯を食べても食べなくても大丈夫な沖縄。ようするに〝なんくるないさー〟みたいなところが強くて、それをまた誰も注意しないんだ。内地に行けば『声が小さい！』、『もっとメシを食え！』、『走るフォームが悪い！』とか、ひとつひとつ注意されるでしょ。でも、それは悪い部分を直してくれる注意でもある。もし内地に行っていなかったら、今の僕はなかっただろうと思うよね。

会社には総務課があって、勤労課があって、安全衛生室があって、一方で他社と激しく競争を繰り広げている営業マンもいる。そういう競争意識が、昔の沖縄にはなくて、内地にはあった。社会人はちょっとでも何かを踏み外すと、法律違反になる。車でもちょっと速く運転すれば、スピード違反になる。すべては決まりの中で動いているということを、向こうに行って初めて知ったわけ」

その後、我喜屋監督は野球の試合に直接関係する記録情報分析委員会の他に、時間委員会、環境保全委員会、学力向上委員会、節約委員会といった生活委員会を設け、チーム全体での生活改善に着手。その成果もあって、野球部の風紀は良化の一途を辿っていく。

そして「野球は気づきのスポーツ」という我喜屋監督が、社会人時代から選手たちに課してきた早朝散歩を実施。見て、聴いて、嗅いで、知って……。人間の五感をフルに働かせながら歩き、終了後には散歩の間に気づいたことをチームメイトの前で「1分間スピーチ」として発表する。そこで磨かれた感性、表現力が、後にプレーにも活かされるようになっていった。

また「己の欠点を知れ」と、ゴミ拾いも奨励した。人には必ず、直さなければいけない部分がある。だから、我喜屋監督は口を酸っぱくして言うのだ。「ゴミを拾えない人間は、絶対に自分の欠点には気が付かない」と。

逆境になればなるほど、練習の成果が出る

沖縄に帰ってきたばかりの我喜屋監督は「沖縄は梅雨が長いので、室内練習場があった

方がいい」という周囲のアドバイスをも一蹴した。「雪が雨に変わっただけ。北海道に比べりゃ楽なもんさ」と、何食わぬ顔でグラウンドへ飛び出していったのである。

北海道では雪の上を走って噴き出した汗が、ツララになった。シューズを脱ごうと思ったら凍って脱げず、ひたすら足踏みをしながら氷を溶かしたこともある。そんな環境に比べたら、沖縄の梅雨などは我喜屋監督の〝相手〟ではない。

「そもそも沖縄の子は雨が降っても傘を差さないし、海に行って泳ぐのも大好き。水の中にいることには慣れているはずなんだ。選手たちに言ったことがあるよ。『オジサンらは雨の中で1万円払ってゴルフをやっている。お前たちはただで野球ができるんだから、ありがたいでしょ』とね」

選手たちには長靴・雨合羽を用意させた。ボールにはビニールを巻いて防水加工を施し、雨の日でも打ちまくった。我喜屋監督の言葉を借りれば、他チームは梅雨が長いからと言って、室内でできることをこなしている。ライバルたちが、いわゆる〝冬眠型〟の練習をしている間に、興南の選手は屋外でボールを追いかけ、打ち込みを行なった。「他が休んでいる間に野球の練習をする」という発想、そして目的も、北海道で取り組んできた雪上練習とまったく同じだ。

「北海道時代には、半年間の冬という逆境こそがチャンスだと思っていた。むしろ、マイナスを埋めるのは冬が一番。半年間も雪に覆われているなら、反復練習には最高の環境だと思えばいいんだから。だいたい、冬季競技の選手は夏に鍛えているから冬に強くなれる。野球のような夏の競技は、冬に鍛えて強くなる。その発想と一緒だね。とくに高校野球は、選手もまだまだ成長段階で横一線。一方で、社会人は出来上がっているから、いくら工夫してもそれ以上の境地に達するのは簡単なことではない。だから、高校生は逆境こそがチャンスなんだ。そこでできる練習をしておけば、その成果が如実に表れるわけさ」

極寒と常夏。日本の両極、北海道と沖縄でまったく気候は異なるものの、我喜屋監督は「生活環境に大差はない」と言う。

「北海道の人は寒さに強く、沖縄の人は暑さに強いと思われがちだけど、むしろ逆。昔はそうだったかもしれないけど、今は一年中、一定の温度に設定されたエアコンに守られて育っている。快適な部屋の中は、密閉空間。だから、太陽光線からビタミンBを摂取できずに風邪を引きやすくなるし、いざインフルエンザが出ると大流行しちゃうんだ」

高校野球は仕掛けが遅い

社会人時代に高校野球を見ながら〝僕だったら、こういう練習をするのにな〟という思いが、我喜屋監督の中にはあった。時には〝ここでエンドランをかければいいのに、どうして動かないのかな〟と感じ、時には〝どうして一・三塁で走らせないの？〟と首を傾げたこともあったそうだ。

「普段からやろうとしていないのか。あるいは、練習をさせていないのか。仕掛けどころで動かないことが多いので〝高校野球は仕掛けが遅いな〟と思って見ていた」

高校野球は、選手の動きには機敏さがある。ただし、高校野球全体を見渡した時、総合的に、戦略的に、計画的な練習をしているチームが果たしてどれだけ存在するのだろうか。そして〝社会人では当たり前のことが、高校野球では当たり前ではない〟とも感じていた。しかし、当たり前でないことを当たり前にするのは、我喜屋監督のもっとも得意とするところである。

高校野球の監督となった我喜屋監督は、一球ごとに、ひとつの牽制ごとにサインを変更し、とにかく試合を動かした。興南と対戦経験のある監督は、試合を振り返り「我喜屋さんほど、プレーのリアクションひとつで目まぐるしくサインを変更する監督も、あの当時では珍しかった」と証言しているほどだ。

「とにかく相手の思っている以外のこと、相手が思っている以上のことをするのがサインというもの。だから『世の中の常識では、ここでバント』と言われたなら、相手もそう思っているということ。サインはそもそも裏をかくために出しているんだから、何も相手が望んでいる通りにしなくてもいいでしょ」

サインは牽制の合間、投球の合間、ファウルの合間に変えるのが当たり前。「このスイングじゃダメだ」と思ったら、すぐに取り消し。相手キャッチャーの動きや肩の強さを見て、あるいは自チームのバッターの力量を判断して、エンドランやバントエンドランに切り替えていく。こうした様々な状況を何百通りにも組み合わせて考えながら、走りやすい状況、バントをしやすい状況をサインによって作っていくのだ。

「僕の場合は、最初から〝待て〟の場合がある。極端に言うと、一球ごとに〝待て〟、〝バント〟、〝待て〟、〝エンドラン〟。一球目から〝待て〟を出すのは、相手の出方をうかがう誘い水。ようはピッチャーが相手の出方を探るために、あえて牽制を入れるのと考え方は一緒だね。バントが下手なバッターなら、どっちみち最初からやらせるつもりもない。相手の内野手が突っ込んでくると分かったら、エンドランに切り替えて打たせる。そのバッターも、バントをしたくないから〝どうもありがとうございます！〟とばかりに打っちゃうわけ（笑）。

バントエンドランはランナーが一塁、二塁にいる時はもちろん、三塁にいれば自動的にスクイズになる。バントエンドランなら、たとえバッターのバントが下手でも、ランナーが走っているから、よほど正面でないかぎりはピッチャー前でもいい。

高校野球の場合は、ベンチから『走れ！』と大声で言えば、相手バッテリーは本当に外すから。こっちは別に何も出していないよ。盗塁のサインも出していないのに『もっとリードを取って！』と言うだけで、相手のキャッチャーは外してくれるんだ。これで初球がボールになると、二球続けたくないからストライクを取りに来る。そこでランエンドヒットをかければ、案外決まるもんだよ」

高校野球の監督に転向したばかりの我喜屋監督は「相手の仕掛けの遅さ」にも乗じて、いよいよ高校野球そのものを突き動かしていくのだった。

プロ注目左腕をパニックに陥れた足技

高校野球の監督として挑んだ最初の夏は2007年。この年の沖縄県は、2年生の大物右腕・東浜巨を擁する沖縄尚学と、伊波翔悟を擁する浦添商が抜けた存在だった。事実、彼らが最上級生となった翌年には、沖縄尚学がセンバツで2度目の優勝を果たし、浦添商が夏の選手権4強入りを果たしている。

現在はソフトバンクでエース級の存在として鳴らす東浜と、高卒で社会人野球の沖縄電力に進み活躍した伊波を倒さなければ甲子園はない。当時の興南は、我喜屋監督の見立てでは「力的にせいぜい県の8番目あたり」にいたチームに過ぎなかったが、大会が始まると主将でエースの幸喜竜一をはじめ、2年生左腕・當山和人、1年生右腕・石川清太の「投手陣三本の矢」を中心とした継投が冴え渡る。決勝では浦添商を2－0で撃破。再試合に及んだ我慢比べを制した。これは新設した5つの委員会が機能し始め、短期間で生活環境の立て直しに成功したことも大きかっただろう。こうして我喜屋監督は見事、初采配にして母校を24年ぶりに夏の聖地へと導いたのだった。

甲子園では岡山理大付に3－2で勝ち、監督としての甲子園初勝利を早々に達成。2回戦の文星芸大付（栃木）には2－5で敗れたものの、新生興南と我喜屋監督は甲子園に確かな爪痕を残している。特筆すべきは、2回戦で対戦した文星芸大付の左腕・佐藤祥万から決めた3盗塁だ。同年のドラフトで横浜から4位指名を受けた佐藤に対して、我喜屋監督が仕掛けた「足攻」がじつに鮮やかだった。

「やっぱり高校生なんで、社会人に比べたら隙も多いのは仕方がない。とくに、当時はまだそういう部分が多く残されていた時代だからね。みんなは『相手チームに左の優秀なピッチャーがいる』と言っていたけど、僕はモーションを見ればいろんなことが分かっちゃう。〝もうこれ以上は牽制が来ない〟という雰囲気も分かるの。だから『アウトになったら監督のせいでいいから、ピッチャーが動いた瞬間に走れ』というサインも作ったんだ。左ピッチャーでもモーションがゆっくりなら、たとえ牽制を入れてきても、そのままスタートを切ってしまえば二塁でセーフになる。そこまで計算してリードを取るわけ。すると、甲子園ではことごとく盗塁が決まったのさ。

相手は〝おかしい。なんで興南は左ピッチャーからあんなに走れるんだ〟となるし、牽制を入れても余裕で帰塁している。そのへんからパニックにさせていくわけだね。それだけ高校野球って純粋なの。もう一発、速い牽制を入れればアウトになるのに。

社会人だったら、当時の興南のようなチームがあったら、もっと入念に対策をしてくるから。全国屈指の強豪との間にある差を埋めて、乗り越えていこうとすると、社会人ではかなり厳しいものがある。だけど、高校野球の場合は相手に近づいていくだけの練習で、充分それで追い越していけるから。そういうことを、甲子園の2試合目でやったわけ。相手は首を傾げていたけどね」

こうして興南と我喜屋監督は、3年後に達成される大偉業に向かって、順調なスタートを切ったのだった。

特別証言 1

香田誉士史［西部ガス監督（元・駒大苫小牧監督）］

我喜屋さんは
すべての指導者に対して
「言い訳は通用しないぞ」
というメッセージを残した

「だからお前ら、勝てねえんだ」

　駒大苫小牧を率いて2004、05年夏の甲子園を連覇。北海道に初の甲子園優勝旗をもたらしたのが、香田誉士史監督だ。駒大苫小牧の夏連覇は、学制改革による旧制・新制をまたいでの連覇となった、1947、48年の小倉（福岡）以来となる偉業で、新制下では初の快挙。そして、2006年は今なお語り継がれる早稲田実・斎藤佑樹（元日本ハム）と、駒大苫小牧・田中将大（楽天）による壮絶な投げ合いを展開し、延長再試合の末に準優勝。3年連続の決勝進出で、1931〜33年の中京商（現・中京大中京）以来となる3連覇に、かぎりなく近づいた21世紀最初の最強チームと言っていい。

　香田監督は佐賀商から駒大に進み、1994年夏にはコーチとして母校・佐賀商の甲子園初優勝に貢献。その後、1997年に25歳の若さで駒大苫小牧監督に就任した。後に北海道で黄金時代を築く指揮官だが、就任当初は九州とは気候も風土も違う北海道での野球指導に苦戦の日々が続く。そんな時、香田監督はヴィガしらおいの監督を勇退していた我喜屋監督と出会うのだった。

「駒大苫小牧の主将で、後に監督にもなった茂木雄介のお父さんが、大昭和製紙北海道の応援団をされていました。その方が我喜屋さんとも懇意にされていて『北海道のアマチュア野球界で、初めての偉業を成し遂げた人がいる。一度会ってみないか』と紹介されたのがきっかけです。僕が上に行くうえでも、ぜひ会ってみたい。そんな中、数名の監督さんにお声掛けして、お会いしていただく機会を得ました。あの時は私と同級生の北海・平川敦監督をはじめ、年齢の近い何人かの指導者で話を聞きに行きました。グラウンドではなく、我喜屋さんが懇意にされているお店だったと思います」

しかし、最初から「全否定の会話だった」と香田監督は言う。九州生まれの香田監督にとっては、北海道の野球はおろか、北海道の常識すら理解できていなかった20代後半である。ましてや当時はまわりのベテラン監督から「お前も早く北海道の野球を覚えろ」、「北海道の野球はこういうものなんだ」とアドバイスを受け、10月の終わりか11月の初めから4月末ぐらいまで野球ができないという感覚が、香田監督の中にも染みつき始めていた頃でもあった。当時の駒大苫小牧自体も、甲子園出場はおろか、夏の南北海道大会にようやく進出し始めたばかりだ。そんな状況だけに、言葉の中には自ずと「北海道でどうしたらいいのか」、「冬は野球ができない」といったマイナスワードが混じり込んでしまうのも、当然といえば当然だろう。

「我喜屋さんには『だからお前ら、勝てねえんだ。弱いんだよ。そんなことで、本州のチームに勝てるわけがないだろう』と、それはもうはっきり言われました。私は北海道出身ではありませんが、他の方はみんな道産子。北海道の野球を完全否定されたわけだから、私以上にショックを受けたはずです。〝凄えな、この人。いっさいの遠慮なしに……〟とビックリしましたね。『いつまで北海道の感覚でいるんだ』と、いきなり否定から入ってきたので、みんな尻込みしてしまって場の雰囲気も沈黙ですよ。僕もビビってしまったぐらいなので、中には〝次からはもういいかな〟と思った人もいたはずです。それぐらい、我喜屋さんの言い方は厳しかったので。逆に北海道出身ではない僕は、そういう言われ方が新鮮でした。いろんな資料を持ってきていただいて『ウチでは、このようにやっていたんだ』というお話をしていただきました。そうやって、いろんな理論を基に話をされていたし、データも見せつけられたので説得力はありましたね」

室内という狭い空間の中でも、野球はできる

そんな中で、もっとも執拗に食い下がってくる香田監督の質問や意見も、我喜屋監督は

いちいち「何を言っているんだ」と跳ね返し続けた。

「僕らが『雪で練習ができません』と言えば『雪？　そんなの、どければいいでしょ』と。それに、以前は野球選手がプールに入るのは『肩が冷えるから』と言われ、非常識とされてきましたよね。それすらも我喜屋さんは『雪の中でスキーもやっているだろう。思い切り冷えている中でやっているじゃないか』と否定して、常識に変えてしまうんです。僕らの非常識が、我喜屋さんにとっては常識。そんなふうに、私たちの言うことをすべて裏返してこられるんです」

記憶は定かではないが、最初に「雪をどかしたらいいじゃないか」と言われた時には〝そんなこと、できるわけがないよ〟という思いが表情に出ていたかもしれない。あるいは我喜屋監督の発言に対して、反発するような言葉が口を突いて出てしまったかもしれないと、香田監督は言った。北海道での指導を始めて2年ほどが経ち、北海道の常識の中で気が遠くなるような冬場を経験してきている。そういう感覚になっていたのは間違いない。朝はまったく積もっていなかった雪が、授業をしている間にいつの間にかグラウンドを真っ白に覆っていることは日常茶飯事だ。気温も当たり前のようにマイナス10度以下になるし、15時台にはすでに暗くなってしまう。そういう北海道の冬を過ごす中で、自分自身が常識を決めつけてしまっていた部分もあったと、自覚もしている。

その後、駒大苫小牧のグラウンドを訪れた我喜屋監督に、練習を見てもらった。その時の練習が、冬の室内練習場だったという。ここでも我喜屋監督は「お前ら、ただネットに投げているだけじゃないか。だから北海道はダメなんだ」と強烈なダメ出しをした。

「室内は当然のようにネットに囲まれています。だから、ウチの選手たちはネットに向かって普通に打って、捕球をすればネットに投げる。それを見て、我喜屋さんが仰ったんです。『室内練習場だろうが何だろうが、狭い空間の中でも野球はできるんだよ。野球というパーツ、パーツを切り取ってみろ。室内でもすべての動きを再現できるし、そういう練習もできるだろう。それなのに、お前たちはただネットに投げているだけ。その先の20m先に一塁ベースがあるぞ。そこの一塁手に向かって投げているのか？　打つのもネットに向かってただ打っているだけ。そうではなくて、120m先にあるバックスクリーンに向かって打っているのか？　そのイメージ力がないんだよ。ただネットと練習しているだけだ。だから、室内練習もレベルの低いものになっているんだ。結局、外でできないから室内でやっているに過ぎない。室内が、外の感覚になっていないじゃないか』ということをバッサリ言われてしまいました」

自分たちで実際の試合をイメージして、意識して練習すれば、どんな狭いスペースでも野球という種目はできる。ただ、当時の駒大苫小牧は「ティー打撃という種目」をやっていたり「ゴロ捕りという種目」をやっていたりしただけだったと香田監督は言った。「野球」という種目をやっていなかった。そういうところを、我喜屋監督が見逃すはずはない。屋外なら「雪をどけたらいい」、室内だったら「外だと思って」。そして「室内だからといって、ネットと練習しているだけでは意味がない。野球をやらないとダメだ」と言って、常に実戦をイメージした練習をしろと雷を落とす。言われ続けていくうちに〝結局は自分たち大人が勝手に決めつけた常識の中でやっていたに過ぎない〟と実感した香田監督は、ついに雪上練習に踏み切ったのである。

エスカレートしていく冬

「生徒の通学路確保と、教員の通勤路や駐車場を除雪するためのブルドーザーを、学校から借りました。そして監督、部長、副部長が授業の合間に交代で除雪作業をするんです。最初は一面だけを除雪していました。一面あれば、練習の中にも野球的要素をたくさん詰め込むことができます。ゴロもフライも練習できますからね。ところが、だんだん私たちの操縦も上手になっていって、次の年にもう一面、その次の年にはさらにもう一面というように除雪エリアが拡大していき、気づいたらグラウンド全面を除雪していました。こうして、毎年のように〝冬がエスカレートしていく〟というか。気が付いたら、普通の野球ができる状態になっていたんです」

最初の頃は「雪かきをして練習する」と言うと、選手は一様に驚いた表情を浮かべていた。我喜屋監督に初めて「雪なんて、どければいいじゃないか」と言われた時の香田監督のように。選手たちも最初は雪の中で長靴を履き、ボコボコ音を立てながら練習をしていたが、香田監督も火が点いたら止まらない性格だ。「何が長靴だ。スパイクだろう。ひと冬で一足ダメになってもいいスパイクを用意しておけ！」と言って、より実戦に近づけるためにスパイク着用を命じる。授業の合間に、主将が「今日は吹雪いています」と言ってきても「いや、やれるでしょ」と突っぱねて、香田監督が自ら率先して雪の中へと飛び出していくのだった。

「知らず知らずのうちに、我喜屋さんと同じように『いや、やれるでしょ』と言っている自分がいました。だから、最初の頃は北海道生まれで北海道育ちの子供と、価値観のズレが生じていたと思います。ただ、そういうことを繰り返していくうちに、だんだんと生徒が『無理です』とは言えない状況になっていくんです。やがて、彼らの方から『行けます』と言うようになってきました。実際に結構吹雪いている日もあるし、大きな雪が降る日は、ノックを打っていても雪が目に入り、ボールか雪かも判別できないような時もあります。ただ、僕の中の価値観と生徒の感覚が重なり合って、雪の中での練習が普通になっていきました。我喜屋さんは沖縄に行っても『雨が多いからって、練習しないのか』と言っていましたよね。そういう意味では、指導者の大人に対しても〝言い訳は通用しないぞ〟というメッセージを残したのは間違いないと思います」

意地の「雪上紅白戦」

冬の指導がエスカレートしていく中で、香田監督は「寒がっているような態度は、いっさい取るんじゃない」と言うようになった。とくに春の甲子園で手に息を吹きかけたり、後ろポケットに手を入れたりしている姿は〝寒いな〟、〝嫌だな〟とネガティブな心理状態にあるようにしか見えない。勝負の場において、そうはならないようにするための指導ではあるが、これこそ我喜屋監督が得意とする「逆境を打破するための指導」と通ずる部分だ。「だんだん我喜屋さんに似てきたというより、もともと似ていた部分があったんだと思う」と、香田監督は言う。たしかに似た者同士は、時に意地を張り合うものだ。

「我喜屋さんも忙しい方だったから、グラウンドに来てくれるのは数か月に1回ですよ。試合は見られていたかもしれないけど、そんなにしょっちゅうは会っていません。そして、来てもらった時は、いつもダメ出し。だから、前に来た時に言われたことを、次に来た時には絶対に言われないようにしてやろうと、いつも思ってやっていました。その繰り返しですね。反発というわけでもなくて〝前回はああ言っていましたが、今回見ていただいてどうですか?〟みたいな、そういう感覚でやっていました」

そして、香田監督は「雪上紅白戦」をスタートさせた。

「それについては、完全に我喜屋さんに対する意地ですよ。我喜屋さんは『雪の上で紅白戦を』ということまでは仰っていなかったのでね。あれを実行したのは、我喜屋さんから聞いたことを自分が実践していくうちに、選手に対して引っ込みがつかなくなっていくんです。我喜屋さんもそうだと思います。『それはちょっとやめておこう』ということを、選手たちに言えなくなってくるんです。我喜屋さんが『いやいや、やれるでしょう』と僕に言ったように、職員室に選手が『今日はどうしますか?』と来た時も、同じように『え、何が？　いやいや、やるでしょ』と言ってしまうわけです」

選手たちには「大丈夫。甲子園だと思ってやるから」と言ってハッパをかけ、田中将大にも「甲子園だと思って投げろ」と言った。「足場がカッチカチで滑ります」と言われても「それなら絨毯を敷けばいいいんだ」と言って、マウンドや打席に絨毯を敷いてまで紅白戦を行なった。選手が「地面がガチャガチャです」と言ってきても「イレギュラーを想定してやればいいんだよ」と言ったし、「滑ります」と言われたら「それはお前のバランスが悪いから滑るんだ」と返していった。それぐらい意地になって「無理なことなど絶対にない」という精神で雪上紅白戦を強行したのだ。

「苫小牧は他の雪国と違って、べチャベチャな雪ではなく一日中氷点下の中での雪なので、案外サラサラしているんです。だから、雪がボールに付着しても表面を払えば普通のボールなんですよ。とくに2月の一番寒い時期がそんな感じです。北海道の中では豪雪地帯というよりも氷の町、スケートの町なんですよ。そういう地域性も良かったのかもしれませんね。そこで行なう冬の紅白戦は、氷の上だから打球も速いですよ。止まらなきゃいけないプレーの中で、股関節を痛めた選手もいました。それでも風邪を引いたり、大怪我をしたりした選手はいなかったです。だから、僕も〝案外やれるじゃん！〟という感じで、どんどんエスカレートしていきました」

「数字」を徹底的に意識した練習

奇しくも香田監督は我喜屋監督と同じ外野手出身。したがって、両者ともに外野守備に対しては強いこだわりを持っていたが、重要視している部分で共通することも多かった。とくに、距離や数字に関する意識である。たとえば、カットプレーの練習では目標ベースへの到達タイムを計測しながら、より正確で素早い中継（リレー）をモノにしていくのである。

「まず、リレーマン（カットマン）がどこに位置するのがベストなのか。外野手の肩の強さなどを考えて、その位置関係が確定したら、次はリレーラインをどうするべきか。その結果、何秒で繋ぐのか。旗を作って、タイムによってセーフだったら赤、アウトだったら白を上げて、より高い精度を求めていました。タイムを計るということは、走塁の意識付けという点でも大きな意味を持ちます。足の速い選手のタイムが分かってきますからね。たとえば、一塁到達なら４秒の攻防が目安になるし、二塁打は７秒、三塁打は11秒というように、速い選手のタイムをすべて出して、それを今度は守備練習の際に裏返していくんです。こうして、攻守において隙を突かれないような野球、隙を突く野球を磨くことができます。そのへんは我喜屋さんに教えてもらったという部分もありますが、自分の中にもともと備わっていた一面です。駒大をはじめ自分の育ってきた環境が、そういう野球をしていましたから」

カットプレーにおけるカットマンの距離感も徹底していた。1枚目と2枚目のカットマンの間隔をメジャーで細かく計測し、両者の距離を理想とされる5〜7mに徹底していたのだ。

「それ以上、離れてもダメだし、近すぎてもダメなんです。1枚目にショートバウンドが返ってきたとします。そこで、トラブルを起こすようなら1枚目がスルー。そうした時に、後ろとの距離が5〜7mぐらいじゃないと、2枚目の捕球しやすいポイントにボールは来ません。離れすぎると、もうひとつバウンドしてしまう距離になるし、近すぎたら送球が捕れなくなります。5〜7mの距離をキープできていれば、1枚目がジャンプして捕らなきゃいけない高い返球は、スルーしても2枚目にとってはちょうど捕りやすいボールになるんです。いちいちメジャーで計ることで、その距離感を教えていく。サッカーでいうディフェンスラインの上げ下げのように、1枚目を前に出して『ほら、付いて行け』、引いてきた時には『間隔を保ったまま引け』という練習を、徹底的にやりました。我喜屋さんは『外野は〝だいたい〟でいいから、捕ってすぐに投げさせろ』と言っていました。それに対してカバーに行った二遊間が、目標のベースにどう繋いでいくか。だから、我喜屋さんが指導してくださっていることを聞きながら、それまでウチがやってきたことが間違っていなかったんだと確信できたんです〝やっぱり、これでいいんだ〟と、大きな自信になりました」

香田監督は「試合前ノックなんて、我ながら芸術作品のように思っていた」と言う。実際に甲子園で駒大苫小牧のノックを見た人から「駒沢のノック、いいですね」と言われたことが何度もあったそうだ。それは、距離感を徹底した綺麗な〝ラインの上げ下げ〟ができていたからに他ならない。後に興南のディフェンスラインを見た時、香田監督の自信は確信へと変わるのである。

第二章

「打てない興南」からの脱却

「全国的強豪」の座を不動のものとした春の挑戦

深刻な「投高打低」

2009年、我喜屋監督率いる興南は春夏連続で甲子園に出場する。チームの中心には、2年生エースの左腕・島袋洋奨。これをリードするキャッチャーの山川大輔も2年生だ。彼らバッテリーだけではない。2009年センバツは国吉大陸、銘苅圭介、真栄平大輝、慶田城開を加えた6人の2年生選手がスタメンに名を連ねる、いわゆる「若いチーム」だった。

春は1回戦で富山商と対戦。甲子園初登場の島袋は、バッターに背中を見せながら投げるトルネード投法で相手打線を圧倒した。延長10回を投げて毎回の19奪三振をマーク。しかも、相手打者全員から三振を奪う力投だった。しかし、打線がわずか4安打に封じられ、島袋を援護できないまま0－2で敗れている。

夏は高校通算62本塁打の今宮健太（ソフトバンク）を擁する明豊（大分）との初戦。2年生のスタメンは春と同じ6人で、銘苅に代わり我如古盛次がレフトで出場した。試合は、真栄平が今宮から大会第1号ソロを放つなど5回までに3点をリードしたが、終盤にかけて打線が失速。結局、9回サヨナラで春に続いて初戦敗退を喫してしまう。チームの5安打中4安打を2年生が放ったものの、やはり強打の明豊を相手に9奪三振と奮投した島袋を助けることはできなかった。

経験豊富な島袋の世代が最上級生になって臨んだ秋のシーズンは、チームの公式戦打率は・349を記録するも、大本命と見られた九州大会では爆発力に欠け4強に終わってしまう。東海大五（現・東海大福岡）に3－1、長崎商に2－0、宮崎工に2－3と、打線が3得点以上を挙げたのは初戦のみ。安打数もすべてひとケタ安打で、東海大五戦が7安打、長崎商戦が3安打、宮崎工戦が5安打。長打も初戦で真栄平、銘苅、我如古に二塁打が飛び出したが、結局はこの3本に終わっている。こうして、関係者やファンの間には「興南は打てない」という風評が広がっていくことになる。

2022年まで楽天でプレーした寺岡寛治（東海大五）や、元中日の浜田智博（宮崎工）ら、たしかに対戦した投手のレベルも高かったのは事実だ。しかし、全国で戦うことを想定している以上、やはり物足りなさの残る結果と言わざるを得ない。

一方、すでに全国からマークされる世代最高の投手となった島袋は、九州大会3試合で23回1/3を投げて1失点、29奪三振を記録。秋の公式戦通算でも5完投（4完封）、防御率0・00と、無双状態に突入した。

となれば、課題は明白だ。センバツまで、残された時間は5か月。逆の見方をすれば、その短期間で大会チーム打率・332、我如古の8打席連続安打、大会最多安打など、歴史的打棒を発揮するチームへと生まれ変わり、春の頂点まで駆け上がるのである。この間、我喜屋監督はどのようにして「甲子園で勝つチーム」を作り上げていったのだろうか。その秘密に迫ってみよう。

基本はフルスイング、怖さのないバッターになってはいけない

第一章でも述べた通り、我喜屋監督のバッティングに対する考え方の基本は「好球必打」である。ストライクゾーンは、いわば我が家の玄関。だから、絶対に中に通すな。ストライクゾーンのボールをスルーしてはいけない。そんな気持ちを持たせて、普段からバッティング練習に取り組ませている。

もちろん試合では、基本的にストライクのボールだけを打ちに行くのだが、逆に練習では「来たボールは全部打て」と言って、ボール球を打たせることもある。狙いはこうだ。

「普段から『なんでボール球を打つんだ』と言っていると、どうしてもバッターは甘いボールだけを打ちたくなる。自分の好きなボールしか打たなくなっちゃうわけ。そうならないように『インコースでもアウトコースでも、変な形のスイングでもいいから、とりあえ

ずバットを出していけ』と言うの。『初球は狙い球を絞っていけ』という日本野球の教えがあるでしょ。じゃあ、狙い球ではないボールがストライクゾーンに来たら、どうするの？　たとえ狙い球ではなくても、ストライクは打たなきゃ。だから、練習ではボール球でも打たせる。たとえ低めの難しい球でも、普段から振っていれば手は出るし、振ったとしても簡単には引っかけなくなる。こういうアプローチで練習していると、結果的に言い訳をしない選手になるから。むしろ、初球のストライクを見逃したら、その一球で交代させるよ。『最低ファウルはいいよ。でも、見逃したらすぐ交代。それでは今までの、間違った日本の野球と一緒じゃないか』と言ってね」

そして、基本はフルスイングである。フルスイングするには早いカウントの方がいい。2ストライクに追い込まれてしまうと、当然のように追い込まれた時のバッティングに切り替えなければならない。そうなると、本当にどのボールにも手を出さなければいけなくなる。だったら、逆の発想で最初から追い込まれた状態を想定して打席に立ってみるといい。そうやって、どのコースでもフルスイングできるように、普段の練習から習慣づけていくのだ。

「振っているうちにフォームも良くなるし、タイミングも合ってくる。試合でもどんどん振っていけば、最初は打てなくても3巡目ぐらいにちょうどチャンスが来るんだ。そして、一球目から打てるバッターになるから。ただ調整スイングばかりをしているバッターは、いざという時には絶対に打てない。キューバやアメリカの連中は、とにかく初球からフルスイングしてくる。ピッチャーが震え上がるぐらいにね。試合中は『あぁ、ストライクじゃなくて良かった』とか『ファウルで助かった』とか言いながら守っていたから。日本の野球も、高校野球も一緒。そういう怖さのないバッターはダメなんだ」

反応バッティングとV字打法

興南の打撃投手は、普段の練習から全球種ミックスでバッターに投げる。それも、予告なしで投げてバッターに反応させるのだ。いわゆる「反応バッティング」である。

「ここでもストライクゾーンに来たボールは、緩かろうが速かろうが、アウトコースだろうがインコースだろうが、高めだろうが低めだろうが、球種は関係なくスイングさせる。試合になると、初球の真っすぐは振っていくけど、緩いボールは打とうとしないバッターがいるでしょ。それではダメなのよ。緩い球をフルスイングでスタンドインしたら、相手ピッチャーは震え上がるよ。でも、緩い球には緩いなりのバッティングしかしない子が多いんだ。今はちょうど、緩いボールをスタンドまで持っていく練習をしている。そうやって緩いボールを打っていると〝溜める〟練習にもなるわけ。ただ、中にはそれをハーフバッティングだと勘違いしている者もいる。緩いボールをフルスイングして、逆方向に長打を打つなんて、並大抵のことじゃない。それができるようになれば本物なんだ」

後に甲子園を席巻することになる選手たちは、カーブであってもスライダーであっても、すべての球種に対してフルスイングを貫いていた。彼らが甲子園で見せた対応力、そして順応性の高さは、この反応バッティングによって培われたものだ。

反応バッティングは実打だけではない。5ｍぐらいの至近距離から打撃投手に全力で投げさせ、それをバッターはネット越しに全力でスイングをかける。「お前、全然遅れているよ」、「避けきれていないじゃないか」などと言いながら、実戦感覚を作っていくのである。

また、我喜屋監督が編み出した「Ｖ字打法」という打撃理論がある。これはバットの軌道を指しており、トップの位置からボールの下に落としたバットを、そこからパーンとＶ字に返すというものだ。そのＶの字を作る速さが大事だと我喜屋監督は言う。

「しっかりトップを作ったら、そこから真っすぐボールに向かって出ていくだけだから、言い方は〝直角打法〟でも〝30度打法〟でも、なんでもいいんだけどね。まず最短距離でバットを出す。バットを入れる角度を覚えたら、しっかりリストを押し込みながら返していく。これを春夏連覇の選手たちには、そうとう教えたね」

V字打法の形を叩き込むために、我喜屋監督は鉄パイプを振らせた。これを繰り返すことでスイングの力は付き、リストの返し方も覚えていく。何より、リストが強くなる。それは現在でも、冬の定番メニューのひとつとなって残っている。

「振り下ろし、押し込んで、上げる。これを強化しないと他地域の怪物軍団には勝てないんだ。これができれば、外にあるボールを、しっかり切りに行けるようになる。だから、外のボールを打つ時も、綺麗な流し打ちではなくて引っ張れるようになる。こういう練習を繰り返していくうちに、山川大輔はライトに一直線のホームランを打てるようになった。『小っちゃくても、腕相撲では負けないぞ』というレベルまで力を付けないと、全国では戦えないということを、２００９年の春夏甲子園で実感したからね」

想像力をフル活用して行なう〝イメージゲーム〟

すべてに対して〝本当にこれでいいのか？〟と疑ってかかるのが、我喜屋監督の野球と言っていい。「相手の胸に投げろ」という日本では常識とされる指導にも「胸に来なくても、捕りに行けばそこが正面」と言い、体操して、ランニングをして、ダッシュをするだけのアップは、単に体を温めるだけではないのか、と疑いの目を向ける。

「アップとは言っても、野球に必要な投げる動作、投球動作が全然入っていないじゃないか、と。いきなりセイフティをやられたら、どうするの？　そこに備えた温め方もあるんじゃないの？　僕のやり方では、アップをやりながら、どんどん実戦仕様に仕上げていく。ウチの場合はアップが終わったら、すぐに試合ができる状態になっているよ」

こうして考案されたのが、試合で起こり得るすべてのプレーの動きを取り入れた「興南アップ」だ。ストレッチ系の動きで体をほぐしたら、スクワットなど下半身強化のための自重トレーニングへ。さらにゴロ捕り姿勢や送球動作を繰り返しながらの歩行、後ろ向きに体を捻りながら後方飛球を追う動き、盗塁のスタート、さらにはオーバーラン、帰塁と、まるで走塁練習と言っていいようなものまでが、アップの中に組み込まれている。30種類以上ともされる一連のアップメニューを終えた時には、すでに1試合を終えたような状態に出来上がっていると我喜屋監督は言う。また、最近はハードルを用いたスピードトレーニングや、鉄棒にぶら下がっての懸垂も追加されるなど、メニューは年々追加されている。

「興南で監督を始めて以降、それが嫌で来なくなった奴もいるけどね。それまでは楽しい野球しかしていなかったから。『もうあの練習はやめさせて』と言って、お母さんに泣きついていた選手もいたらしい（笑）。それでも当然、やめなかったけどね」

アップを含めたすべての練習は、実戦に直結した備えでなければならない。ある年の冬、駒大苫小牧の香田監督から「沖縄でキャンプをしたい」と相談を受けた我喜屋監督は、その場で八重山商工の伊志嶺吉盛監督（当時）に「協力してやってくれ」と電話して、即決で沖縄キャンプを実現させたことがある。その時も、我喜屋監督は香田監督にこう言っている。「沖縄に行ったその日から試合をやれよ。たくさんイメージゲームをしてきたんだから、次は実戦ゲームだよ」

「それまでの北海道のチームは、そういう〝イメージゲーム〟をやっていなかった。暖かいところに行っても『体が慣れてきたら』と言って、試合に入るのはせいぜい1週間後ぐらいから。そういう習慣がこびり付いていたわけ。でも、それではダメなんだ。本物の試合は広いグラウンドでしかできないけど、バッターはバッターボックスの広さがあればイメージを持ってスイングができるでしょ。ネットの向こうから全力投球させたボールを見る練習だってそう。ネット越しに見ていれば、体に当たる心配がないから縫い目が見えるぐらいボールを凝視できるようになるんだ。そういうイメージトレーニングをこなしていれば、すぐ実戦に入ることができるのよ。〝目のトレーニング〟ということでいえば、僕は選手たちに『バスに乗って高速道路を走っている間は、通り過ぎる木々や街灯を目で追え』と言っていた。それだけでも、試合に向けた動体視力の強化になるから。アップもそう。すべては、実戦を想定した練習なんだよ」

走塁+守備はタイム練習で磨く

走塁への意識も、我喜屋監督の国際経験によって培われたものだ。多くのバッターランナーは、ヒットを打ってもベースの手前で緩めたままオーバーランし、ゆっくりと一塁ベースへと帰ってくる。ましてや、ヒットを打ってガッツポーズをしている間に、外野からの返球が逸れて進塁機を失うなどは言語道断だ。

「野球は陣地を取るゲームなんだ。ひとつでも先の塁（陣地）を陥れ、ひとつでも敵陣（本塁）を奪って得点を重ねる。だからキューバの選手は、たとえシングルヒットでも打った瞬間に二塁打だと思っているわけ。だけど、陣地に敵（外野からの返球）が現れたから〝ヤバい！〟と思って一塁にヘッドスライディングで引き返すんだよ。最初から一塁で止まるつもりでいる選手なんて、誰ひとりいないさ。だから、内野ゴロを打っても間一髪セーフをイメージしなきゃダメなんだ」

駒大苫小牧で高校生を指導し始めた頃の我喜屋監督は「こんな走り方じゃダメだ」と言って、社会人野球の練習で行なっていたタイム計測をさせた。一塁到達の目標は4秒。4秒2ならアウトである。二塁までは7秒。サードまでは11秒と具体的な数字を設定し、徹底的に走塁練習を繰り返した。そうやって、アウトかセーフのイメージを植え付けていくのだ。

また、ランナーにタイム練習をさせるということは、自ずと守備面でのタイム設定もできる。この練習に関しては、駒大苫小牧の香田監督も大学時代に研究していた部分であり、意思の共有も早かった。もちろん、こうしたタイム練習は興南でも取り入れている。

「社会人の練習はキツいので、本数を高校生用に短くしてやるんだ。社会人は本当にすべてがタイムとの戦い。一刻を争うわけ。バッターは一塁まで4秒。送球とバッターランナーの到達が同じ4秒なら間一髪セーフ。バッターランナーはそれを目指すの。三塁打が11秒。それなら返球を想定して、11秒で回るベースランニングを練習しなきゃいけない。同時に守備の練習にもなるわけだから。『そんな返球じゃ、すべてセーフになるだろう』と言って、カットプレーの練習ばかりやらせているよ。高校生は大人に比べて圧倒的に試合経験が少ないので、何度も言うように練習の中で試合をさせないと。そういうことを繰り返しやっているうちに、ランナーは足が速くなるし、守備側は肩が強くなっていくから」

春夏連覇の起点となった国吉大陸の「スライダー打ち」

2010年のセンバツ開幕が近づいてきた。前年春に19奪三振の快投を演じた島袋をはじめ、多くの主力選手が残っていることで、大会前から優勝候補の一角に挙げられていた興南。しかし、前年は春夏ともに甲子園の舞台に立ちながら、いずれも初戦敗退に終わっている。まず達成すべき目標は、1勝。そして、初戦の対戦相手は2年生の好左腕・堅田裕太を擁する関西に決まった。我喜屋監督は勝利に向けた具体的戦術と「戦う姿勢」を説きながら、偉大なる2010年シーズンの第一歩目を踏み出していった。

「〝好きの逆〟から入って、選手たちを洗脳したわけ。『甲子園に行くと、みんな真っすぐを打って良い格好をしようとするけど、甲子園に出てくる良いピッチャーは、必ずスライダーを持っている。このスライダーをセンターから逆方向に打つことができれば、エンドランもかけやすいし、どんなピッチャーからでも必ず4、5点は取れるから』と言ってね。そこからスライダー打ちの練習をかなりやったね」

我喜屋監督が事前に堅田を見て、対策に掲げたスライダー打ち。そして、その指示通り、初回の初打席で先頭バッターの国吉大陸がセンター前ヒットを放って出塁した。打った球はもちろんスライダーである。その後、慶田城が送り、我如古が四球で歩いた後に、4番の真栄平がレフト前で繋ぎ、5番・銘苅の犠牲フライで1点を先制。これ以上はない最高の流れの中で挙げた理想的な先制点だった。

「堅田投手のような左ピッチャーから引っ張りに行ったら絶対にダメなのよ。だから、バッターには『入ってくるボールを逆方向に打て。しっかり溜めができていれば、インコースも打てるから』と言っていたんだけど、実際にそういうバッティングをしてくれた。国吉リクもどちらかといえば引っ張りのバッターなのに、先頭バッターがチームの方針に従って、いとも簡単に打っちゃったもんだから、後続のバッターが〝よし、行けるぞ〟と自信を持ったよね。あのピッチャーからは簡単に打てないよ。もし、あの時に国吉リクがスライダーで打ち取られていたら、その後の展開はまったく違ったものになっていたかもしれないね。そういう意味では、彼の果たした役割は本当に大きかったと思う。春夏連覇の源を作ったと言っても過言ではないだろうね」

結局、興南は4－1で勝利し、初戦を突破した。打線は堅田から10安打を放ったが、このうち7安打がセンターから逆方向へのものだった。3番の我如古も3安打のうち2本を逆方向に運んでいる。強引に引っ張らず、センターを中心に押っ付けていく我如古の姿勢が、興南打線の徹底ぶりを象徴していると言ってもいいだろう。

相手の戦意を削いだサードベースコーチャー

島袋洋奨、我如古盛次という投打のヒーローの印象が、あまりに強烈すぎて見落とされがちだが、我喜屋監督は国吉大陸、大将の戦力がとてつもなく大きかったと言う。兄の大将、弟の大陸。ふたりは双子でともに内野手。前年秋の九州大会では大将がセカンド、大陸がショートを守った。ところが「甲子園でも双子で二遊間を」という兄弟の夢は、大会前に台頭してきた1学年下の大城滉二（オリックス）の出現によって、はかなく散ってしまう。

攻守ともに類まれなセンスを備えていた大城だったが、2010年のセンバツ開幕前に、ある事件を起こしている。近畿の高校のグラウンドを借りて練習をした際、大城は足元に転がってきたボールを、無意識のうちに蹴り返してしまったのだ。それを我喜屋監督は見逃さなかった。

「そりゃもう、怒ったさ。『キサマ、この野郎！　よそ様のボールを足で蹴るなんて、どういうことだ！』と、みんなが見ている前で雷を落としたよ。大城滉二も当時はまだまだ

2年生に上がろうとしていた1年坊主だから、結構ビビっちゃってね。あまりに震えているものだから『分かったなら、もういい。頑張れ！』と言って解放してあげたわけ。すると、その後のバッティング練習で、結構良い当たりを連発するのよ。そして、試合で使ってみたら〝打つは打つは、守るは守るは〟の大活躍さ。『頑張れ』のひと言で、彼は大いに頑張っちゃったんだよね」

センバツでは、初戦から背番号15の大城を9番・ショートに固定。大会通算でも22打数7安打、打率・318と打ち、下位打線のキーマンとして活躍した。大城の抜擢によって、大陸はセカンドに回り、大将はサードベースコーチャーに配置転換となる。しかし、このコンバートこそが、チーム躍進の「最大」とも言える要因になったと我喜屋監督は言う。

「ハマったね。大将は学業でオール5の子だから、ストップ&ゴーの判断が本当に素晴らしかった。コーチャーとしての立ち位置まで教えたら、その通りに実践してくれて、大会中も間一髪セーフを3つぐらい作ってくれた。サードコーチャーの判断力は、チームの得点力に直結するので、大将なくして春の優勝も、もちろん夏の優勝も語れないね。彼の存在は、相手からすればかなり嫌だったはずだし〝もう勝ち目がない〟と相手に思わせるほどの試合運びができたのも、大将のおかげなの。そして、大城は大城で打ってくれた。代えた選手が定着するし、活躍するしで、まさに適材適所だったね。彼らだけではなくて、ファーストの真栄平には銘苅といった具合に、守備要員で代えた選手も大活躍してくれた」

国吉大将は早稲田大を卒業した後、国際協力機構（ＪＩＣＡ）の職員として、国際舞台で活躍中。弟・大陸は明治大3年時に公認会計士の資格を取得。２０２１年には自らの名を冠した公認会計士・税理士事務所を起ち上げている。

「ちびっこ軍団」に立ち塞がる日大三は〝本当のナイン〟だった

初戦を突破した興南は、歴代優勝校の智辯和歌山、帝京に快勝し、準決勝では前年秋の明治神宮大会王者・大垣日大を10－0とまったく寄せ付けずに完勝。甲子園のレジェンド校を相手に試合するたび、活発化していく打線と、状態を上げていくエース・島袋。こうして春の優勝に王手をかけた興南に立ち塞がったのは、東京の雄・日大三だった。

２０１０年までに１９７１年春、２００１年夏と2度の甲子園優勝があり、春の準優勝も2度経験している名門中の名門、日大三。とくに21世紀最初の選手権覇者となった２００１年夏は、当時の歴代最高となるチーム打率・４２７を記録し、4番・原島正光の3試合連続アーチを含むチーム7本塁打で〝新世紀覇王〟となった。この時の優勝に代表されるように、日大三といえば、とにかく打つ。小倉全由監督の掲げる「打ち勝つ野球」を常に体現してきた、東日本を代表する強打のチームだ。

そんな日大三に対する我喜屋監督の印象は次の通り。

「やはり全国的に名前が知られている高校で、激戦区を勝ち抜いてきた高校。打撃力の際立ったチームで、甘い球は見逃してくれない。一方で、どのピッチャーも球の速さ、強さを持っている。ちょっと大学生に似ているな、という印象を受けた。でも、圧倒的に違うのは体力差。要するに本当の9人、つまり〝ナインだな〟という感じがしたよね。これなら大学とやっても勝つだろうな、と」

日大三のエースは、左腕・山﨑福也（オリックス）だ。140キロ前後のストレートに加え、カーブ、スライダー、チェンジアップ、フォークを操り、準々決勝では2年生の4番打者・吉田正尚（レッドソックス）を擁する敦賀気比を3安打完封に抑えている。打線も横尾俊健（楽天）、高山俊（阪神）、畔上翔（Honda鈴鹿）、鈴木貴弘（JR東日本）ら2年生戦力を中心に持ち味をフルに発揮。準決勝までにチーム打率・390、3本塁打と好調で、14－9で勝利した準決勝の広陵（広島）戦も、8回裏に大会タイの9打数連続安打で一挙10得点を挙げる猛攻を演じている。準決勝までの合計得点は、興南の4試合26得点を大きく上回る41得点だ。

興南サイドは、試合前日に映像でだいたいのことは把握していたものの、我喜屋監督が日大三対策として出した結論は「相手うんぬんではなく、興南の野球をするしかない」の一点のみ。山﨑への対策も「入ってくるボールをフルスイングしよう」という至ってシンプルなもので、左ピッチャーだからああだ、こうだという話は、ほとんどしていないと言う。

「前から来たボールを打つしかない。来たボールを捕るしかない。腹を括るしかない状況だもん。たしかに、相手は打って勝ってきていたけど、勝負はやってみないと分からない。むしろピッチャーを中心としたまとまりという点では、興南の方が上だという自信はあった。ただ、大味な展開になれば一気に持っていかれる危険性もある。とにかくこっちが自滅さえしなければ、相手が先に崩れるだろうと思っていたね」

185センチ、84キロの山﨑を筆頭に、決勝戦スタメン9人の平均身長は178・1センチ、平均体重80・4キロの日大三に対して、平均身長173・2センチ、平均体重69・3キロの興南。180センチ超の選手がひとりもいない沖縄の「ちびっこ軍団」が挑む、春の頂上決戦が始まった。

ミス連発で劣勢に立ったセンバツ決勝戦

第82回選抜高校野球大会（センバツ）、決勝戦。あらためて2010年4月3日の試合を振り返ってみよう。

先制したのは日大三だった。2回、立ち上がりからストライクを取ることに苦労していた島袋は、ふたつの四球とサード我如古のエラーで無死満塁のピンチを招く。島袋はそこから注文通りにふたつの内野フライで二死まで漕ぎつけるも、島袋自身がまさかのミスを犯してしまう。一塁への牽制悪送球で、ふたりのランナーを還してしまったのだ。3回は先頭の3番・平岩拓路に島袋が痛恨のソロを浴び、さらに1点を献上。3回まですべてのイニングで3人攻撃が続く興南にとっては、序盤で3点ビハインドという苦しい展開となった。

また、準決勝までの4試合でわずか1失策だった守備も、3回までに3失策を記録と、こちらも本来の興南の姿とは程遠い姿だ。この試合でショートを守った大城は、後にこう振り返っている。

「準決勝の勝ち方に原因があったのかもしれません。10－0という大差で勝ってきたウチと、9回まで接戦で勝ち上がってきた日大三。自分たちが余裕を感じていたわけではありませんが、前の試合内容が集中力の差となって、序盤の動きに表れたのかもしれません」

一方、序盤の興南打線について、我喜屋監督の見解は次の通り。

「ベンチから見ていると、山﨑君は島袋より大きいし、本当に良いピッチャーだった。こりゃウチのバッターも手こずるだろうなと思ったさ。ただ、たしかにウチは点が入っていなかったけど、中途半端なスイングをしている選手はいなかったので、次に繋がるなと思っていた。とくに問題はなかったね」


4回に初めて相手の攻撃を3人で退けた島袋が、興南に流れをもたらす。5回、二死満塁から国吉大陸が山﨑の高めに浮いたスライダーをレフト前に弾き返し、1点を返した。この直前、大城のサードゴロを横尾が弾くミス（記録は内野安打）を逃さない、興南らしい得点だった。

そして、2点を追う6回。先頭の我如古が大会タイ記録に並ぶ13安打目をライト前に運ぶと、打線が一気に勢いづいた。我如古がすかさず二盗を決めてチャンスを広げると、二死から死球を挟んでの3連打で一挙に4点を挙げ、瞬く間に5－3と試合をひっくり返してしまったのだ。
ところが、日大三もさすがの得点力を見せつける。同点とされた直後の6回裏、大塚和貴のソロで1点差とすると、この試合で初スタメンの1番・小林亮治がセイフティスクイズを決め、試合を振り出しに戻す。

「序盤からどんどん畳みかけてこられたから、相手の采配を感じるような暇はなかったね。島袋からホームラン2本でしょ。彼が、あそこまで簡単にホームランを打たれるなんてことも、初めてだったから。しかも、2本ともセンターオーバーだからね。試合中は〝あれだけの体力があれば、たしかにこういうことが普通にできるよな〟と思いながら見ていたよ。そうやって圧倒的な体力の差を感じながらも、なんとか食らい付いて相手のミスを待っていたんだ」

興南野球の基礎が出来上がった春の優勝

7回以降は両チームのスコアボードには0が並び、同点のまま9回が終了。延長戦に突入しても、息詰まる我慢比べが続く。島袋はインコースのストレートを主体に押し、7回から12回一死まで被安打ゼロと好投。一方の打線は7回以降2安打と、変化球を主体とする山﨑を攻めあぐねた。しかも、山﨑は延長10回に最速140キロをマークするなど、なかなか隙が見当たらない。

我喜屋監督の言葉通り、5回、6回に挙げた興南の得点は、相手の捕球ミスやポジショニングミスに付け込んでのものだ。ところが、延長に入って先にミスを犯したのは興南だった。10回裏、国吉大陸のエラーでサヨナラの走者を三塁まで進めてしまう。しかし、ここでエース島袋が踏ん張る。代打・清水弘毅を140キロ超の内角ストレートで押し込み、最後はピッチャーゴロに仕留めてピンチを切り抜けたのだった。この日の最速143キロは、この延長11回のピンチで計測したものだ。

延長12回、ついに日大三にミスが出る。一死から真栄平のファーストゴロを、ベースカバーに入った山﨑が落球。これで動揺したのか、山﨑が暴投でピンチを広げた場面で、日大三はショートの吉沢翔吾をリリーフに送る。さらに一死満塁と攻め立てたところで、ついに我喜屋監督が動く。安慶名舜の二球目にスクイズを指示。結果的にはファウルに終わったが、これが決勝点の呼び水となるプレーとなった。

このシーンを興南ベンチから見ていた捕手の山川の証言だ。

「相手はスクイズをまったく警戒していなかったようでした。それで横尾君が動揺してしまったのか、その後のゴロを悪送球してしまったのではないでしょうか」

スクイズを失敗し、打ち直しとなった安慶名のサードゴロを処理した横尾は、中途半端なワンバウンドスローでホームへ送球。これを捕手の鈴木が後逸し、興南がついに2点を勝ち越すのだった。その後、島袋に二塁打が飛び出すなどしてこの回一挙5点を奪い試合を決めた興南。こうして甲子園決勝戦にふさわしい極上の我慢比べは10－5で興南に軍配が上がり、ついに我喜屋監督率いる「ちびっこ軍団」は紫紺の大旗を手にしたのだった。

「今振り返っても、よく日大三に勝てたなぁと思うね。ラッキーもあった。ミスに乗じたところもあった。たしかに序盤から山﨑投手には苦しめられたけど、それでも食らい付き、辛抱した結果、最後の最後に勝ちが転がり込んできただけだから。やっぱり最後は、エラーが勝敗を分けたよね。僕としては、この優勝で全国の強豪と言われるチームとの力関係とか、自分たちの立ち位置が見えてきた。〝興南の野球は絶対に間違っていない〟と思ったし〝このチームはまぐれで勝ってきたチームじゃない〟と確信できたの。興南野球の基礎が出来上がったのが、日大三との春決勝だったと言っていいのかもしれないね」

確固たる土台の上に自信が芽生え、夏に向かう力となった。興南は、全国的な強豪とも充分に戦っていける。いや、本当の意味で全国的強豪の仲間入りを果たした2010年の春であった。

特別証言 2

小倉全由［前・日大三監督］

準決勝の結果が勝負の分かれ目に⁉
数々の「誤算」は先入観と恐怖心から生まれた

「関東・東京」最後の6校目に選出

関東一で4度、日大三で18度の甲子園出場を果たし、通算37勝を挙げた小倉全由監督が、2023年3月いっぱいで母校・日大三の監督を勇退した。

「打ち勝つ野球」、「攻撃的野球」を掲げ、関東一では甲子園準優勝1回、日大三では優勝2回、準優勝1回。その間、武田勝（元日本ハム）、山﨑福也、坂倉将吾（広島）ら多くのプロ野球選手を育て、2012年には花巻東（岩手）の大谷翔平（エンゼルス）らも名を連ねた高校日本代表も指揮した。

その小倉監督が日大三で唯一の準優勝に終わった大会が、2010年春。つまり、興南に敗れたセンバツである。延長12回、5－10で敗れた決勝戦。重なり合った誤算と、強打を謳うチームだからこそ陥ったパニック。百戦錬磨の名将の思考をも狂わせてしまったものとは、いったい何だったのか。

なお、すでに指導の現場を離れてはいるが、高校野球界に一時代を築いた小倉監督に対して、ここではあえて「監督」という敬称をそのまま使用させていただくこととする。

「最初の誤算は〝嬉しい誤算〟からでした。そもそもウチは、前年秋の都大会でベスト4止まりのチームだったので、自分としてはまさか甲子園に行けるなんて思ってもいなかったんです。出場校発表の日も、自分は試合用ユニフォームも着ずに練習着でグラウンドにいました。生徒にも『もう（センバツ出場は）ないから、普通に練習していよう』と言っていたぐらいですからね。力的にも自分の中ではまだまだのチームでした。とにかく選手が定まっていなくて、試合に出ている選手も下級生の方が多い。だから、あの年のセンバツは出場自体がラッキーだったんです」

小倉監督の言うように、前年秋の日大三は都4強に終わっている。普通に考えればセンバツ出場はかなり厳しい状況だが、優勝した帝京に準決勝で4－5と惜敗したこと、準々決勝で早稲田実を14－5と圧倒したことなどが評価され、滑り込みで関東・東京の6校目に選ばれたのだった。

主将で捕手の大塚和貴が肩を故障し、エースの山﨑も投手に専念したばかり。そのうえ、秋の都大会はインフルエンザの大流行でメンバー全員が思うように揃わず、ひとり複数ポジションで急場を凌いできたチームだ。

「そういう意味では、秋の段階では全然できていないチームだったんです。練習も内野手を固定せず、ノックがひと回り終わったらサードがショート、ショートがセカンドといったように動かしながら、全員がどこでも守れるようなチームを作ろうと苦心していました。そのぐらい、あのチームは〝絶対的〟ではなかったんですよ」

思いもよらぬ春の切符が舞い込んだことで、練習試合が解禁された直後から上級生選手たちが大いに奮起。チーム力の高まりを感じ、日大三は甲子園に乗り込んでいくのだった。

〝空白の一日〟

滑り込みでのセンバツ出場とはいえ、甲子園に辿り着いた日大三は持ち味全開で打ちまくった。山形中央との1回戦は19安打で14得点。3番・平岩拓路、6番・吉沢翔吾の一発を含む先発全員安打で圧勝すると、準々決勝の敦賀気比戦では10－0、準決勝の広陵戦でも14－9と4試合中3試合で二けた得点を記録。

中でも準決勝の広陵戦は、8回に大会タイ記録となる9打数連続安打、9連続得点を挙げるビッグイニングで、一挙10得点を奪う猛打を炸裂させている。強打型のチームとしては最高の形で決勝進出を決め、準決勝のもうひと試合、興南vs大垣日大の勝者を待つ格好となった。
しかし、準決勝1試合目から降り続いていた雨が、完全に勢いに乗ったはずの日大三に待ったをかけてしまう。準決勝2試合目は順延となり、決勝を戦う対戦相手の決定は翌日に持ち越されてしまったのだ。

「準決勝が同じ日に終わっていたら、より対策を練ることができたと思うんですよ。普通であれば、球場から宿舎に帰るバスの中で2試合目を見るものなんですが、それができませんでした。さらに、翌日が練習日になってしまったために、ウチにとってはリアルタイムで試合を見ることができなくなっちゃって。どちらが勝つか分からない中で、ゲーム経過だけを聞いていました。結果が入ってきたのも練習中でしたね」

大会前から、大垣日大に対する警戒を高めていた小倉監督。大垣日大は前年秋の明治神宮王者であり、左腕エースの葛西侑也はリーチの長さを活かした変則サイドだ。もともと左ピッチャーに対する不安を抱えていた小倉監督にとっては、独特の溜めに捻りを加えて投げてくる島袋も厄介だが、より変則な葛西こそが最大の難敵と踏んでいたのだ。

「葛西君が出てきたら嫌だなと思っていたら、興南が葛西君から大量点を取ったと聞かされてビックリしましたね。〝あの左ピッチャーから大量点だって⁉〟と。自分の中では、神宮で優勝しているピッチャーという意識が強かったのかな。とにかく、大垣日大が大差で敗れたという事実があまりに大きく残ってしまいました」

そこからは、島袋対策としてスピードボールを打つ練習に取り組んだが、どうしても〝あの大垣日大に10－0かよ〟という思いが拭いきれない。

「ウチにとっては一日の休養が与えられ、相手にとっては連戦になるんですから、日程的には有利になったはずなのに、むしろあの一日が変な時間になってしまいましたね。興南が大垣日大に大勝したことで、いろいろ考えてしまう時間が増えてしまったんですから。逆に興南はそのままの勢いで来ますよね。そういう意味でも、あの〝空白の一日〟は両チームにとって大きな意味を持ったと思います」

小倉監督がもっとも警戒していた葛西と、3年生の長身右腕・阿知羅拓馬（元中日）の2枚看板を揃えた大垣日大。そして、そんな神宮王者を15安打で10得点と圧倒した興南打線。試合の一日延期を利点とは思えなくなってしまったことで、小倉監督の計算に微妙な狂いが生じ始めたのだった。

島袋洋奨攻略のポイントは「インコースへの対応」

決勝戦の相手は興南に決まった。大会最注目の左腕・島袋を打たなければ、もちろん優勝はない。小倉監督は、島袋の印象を次のように語っている。

「前の年から甲子園で投げていたので〝当たったら嫌だな〟とは思っていました。すでに申し上げたように、自分は変化球の良い左ピッチャーが嫌なんです。右で140キロを投げると言われても、選手たちには『どうせ松坂（大輔）以上のピッチャーはいないんだから大丈夫』と言っているんです。でも、左で140キロぐらい投げて、右バッターのインコースにスライダーや大きな変化球を投げられると〝ちょっと打てねぇな〟と思ってしまうんですよ。島袋投手がまさにそうじゃないですか。真っすぐが速くて、変化球も良い。そのうえ、三振も取れますからね」

島袋攻略のポイントに挙げたのが「インコースへの対応」だった。インコースいっぱいに来るボールは苦しいが、自分の体に向かって入ってくる左ピッチャーのラインに対して、しっかりヘッドを合わせるようにバットを中から出していけば、打球は自ずとセンターから左中間、右中間に飛んでいく。しかし、最初から引っ張ろうという意識が強ければ、インコースを積極的に突いてくる興南バッテリーの術中にはまってしまうだろう。とにかくインコースいっぱいのボールは捨てる。そして、甘いボールを打っていく勇気を持つこと。そうは言っても、攻略がそんな簡単なものではないことぐらい重々承知だ。小倉監督も、決勝戦の試合前取材では「とにかくあまり難しく考えず、楽な気持ちで打席に入ってくれたらいい」と語っている。

試合は2回に日大三が先制する。立ち上がりから球数を要し、制球に苦しむ島袋からふたつの四球をもぎ取り、我如古のエラーもあって無死満塁と願ってもないチャンスが訪れた。しかし、ここから右の佐野友彦、鈴木貴弘が立て続けに内野フライを打ち上げてしまう。小倉監督がもっとも注意していたはずのインコース攻めで二死となったが、ここで島袋の一塁牽制が悪送球となり、日大三が2点を挙げた。

「あの無死満塁の場面は、まだ2回だったにもかかわらず興南が前進守備を取ってきたので、これはラッキーだと思いました。おそらく我喜屋さんは、島袋投手が打たれるわけがないと思っていたのでしょう。ただ、こちらとしてはビッグイニングのチャンスですよ。それでも、島袋投手はさすがでした。最初の2点も打って取ったものではなく、相手のミスでもらった点です。あそこでさらにもう一本が出ていれば、試合はまったく違った展開になっていたはずなんですけど、そうはさせてくれませんでした。点が入る前のふたつのフライアウトもそうですが、やはりウチのバッターは高めを振らされていましたよね。それだけボールに勢いがあったんですよ」

3回には3番・平岩がバックスクリーン右横に飛び込む特大アーチをかけ、1点を追加。6回に3－5と逆転されるも、途中出場の8番・大塚のソロ、9番・鈴木のセイフティスクイズですぐさま同点として、さすがの得点力を見せつける日大三。この春、興南から5点を取ったのは日大三が初めてだった。

見誤った興南バッティングの本質

しかし、この6回までに失点に繋がるミスが続いたことを小倉監督は悔やむ。まずは3－0とリードした4回の守りだ。先発の8番・山﨑が二死二塁から、準決勝までの4試合でわずか1安打の島袋に四球を与えてしまう。その後、9番・大城のサードゴロを横尾が弾いて満塁として、1番・国吉大陸にレフト前打を許し1点を返されたのだった。

逆転された6回には、二死一・二塁で島袋がショート吉沢の右横を抜けるヒットを放った。しかし、レフトの畔上が打球とは反対方向に動いたために処理が遅れ、これが逆転の二塁打となってしまった。続く大城にも連続でタイムリーが飛び出し、さらに1点を失った日大三。小倉監督が振り返る。

「島袋君の二塁打の場面は、牽制への備えもありましたが、ショートの吉沢を三遊間に寄せていなかったんです。普通に三遊間ケアの指示を徹底していれば、その打球を難なく捕って終わりだったんですよ。やっぱり前の日に7本の長打で勝っている興南のイメージが強かったのかなぁ……。自分は〝引っ張られる〟と思い込んじゃっていたんですね。それほど、前日の結果が強烈に自分の中に刷り込まれていたので、左バッターの三遊間に対する注意が不充分だったのは確かです」

大垣日大をインパクト充分の完勝で下した興南の準決勝。小倉監督の判断力すらかく乱するほど、その勝ち上がり方はセンセーショナルだったということか。もうひとつ、小倉監督が「見誤っていた」というポイントがある。それは、興南打線の〝強打の正体〟だ。

「いざ戦ってみたら、興南の各打者はとことん内側からバットを出して、逆方向に〝押っ付ける〟バッティングを徹底しているんですよ。決勝戦で打たれたヒットも、うまく打たれたヒットが多かったですよね。それこそウチの方がヘッドを利かせてホームランを打ったり、派手なバッティングをしたりしていたと思うんです。準決勝の結果だけを見て、興南もそういう攻撃をしてくるんだろうと予測していたんですけど、じつは逆でしたね。自分の見方が間違っていました。もし、最初から興南のバッティングというものを分かっていたら、吉沢への守備位置の指示も、より徹底したものになっていたはずなので」

「映像なんか見なくてもいい」の真相

「山ちゃん、相手のビデオは見なくていいよ」

決勝前日、小倉監督がエースの山﨑にそう伝えたのも、大垣日大の左腕を相手に興南打線が打ちまくっている姿を見せたくなかったからだ。それほどまでに、小倉監督にとっては興南の準決勝は〝一大事〟だったのである。

「そこが一番の敗因でしょうね。もちろん自分は映像を見たんですけど、自分自身が冷静に分析することを忘れていました。あの大垣日大のピッチャーを打ったという事実が、自分にとってはすごく嫌だったんです。〝決勝戦も、やっぱり打つんだろうな〟という恐怖心を感じていたのかもしれません。自分の弱いところです。おそらく、ウチが強打を売りにしているチームだから、なおさら恐怖心が倍増したのかもしれませんね。

どんな相手でも、普段は〝打ち勝ってやる〟と思っていますよ。相手の打線が良いと聞いても、内心では〝何が強打だ〟と思っていますから。でも、興南の場合はそこに島袋投手がいますから。〝これは投打ともに手ごわいぞ〟という思いが強すぎました。山ちゃんに『もう映像なんか見なくていいよ』と言ったのは、きっと自分の正直な気持ちでしょうね」

普段の小倉監督であれば、大会の大小や相手の強弱に関係なく、対戦相手の試合を細部に渡って徹底的にチェックする。その目で相手チームを観察しながら、ピッチャーの起用法や打順を決めていくのに、2010年春の決勝戦だけはチェックが不充分だった。

関東一を率いて初めて甲子園に行った1985年も「打倒・帝京」を成し遂げるために、春のセンバツ、春夏の都大会と帝京の試合は余すことなく追いかけた。その結果「小林昭則（元ロッテ）の抜けたカーブを、レフトスタンドに叩き込め」という一点の指示に辿り着き、東東京の決勝では実際その通りになった。

「普段はそこまで徹底的にやっているのに、どうしてですかね（笑）。甲子園に対しての気持ちは強いものがあっても、甲子園の決勝になると〝ここまで来たんだから幸せだよ〟という気持ちになってしまうのかな。それに、前年秋の状態や甲子園に選ばれた経緯を考えたら、まさか甲子園の決勝戦にいるなんて考えられなかったわけですから〝もう思い切ってやれよ〟みたいな感じになっちゃっていましたね」

そして、小倉監督は悔しそうに唸った。「もっと、興南を見ておけばよかった」と。

斎藤佑樹と島袋洋奨

試合は5－5のまま延長に突入した。島袋、山﨑の両エースは、この試合の最速を延長に入って記録するなど、後半にかけてボールの勢いが加速。島袋は7回から12回一死までノーヒットピッチングを続け、山﨑も7回以降は11回まで被安打2に抑える力投を繰り広げる。

そして、延長12回。ファーストゴロのベースカバーに入った山﨑がまさかの落球。その後、自らの暴投でピンチを広げてしまう。ここで山﨑は降板となったが、ミスの連鎖は止まらない。一死満塁からサードゴロを処理した横尾が足を滑らせ、本塁への送球が乱れてしまう。この間に2点を勝ち越した興南が、その後も島袋のダメ押し二塁打などで追加点を重ね、計5点をもぎ取り日大三の息の根を止めた。

日大三は2本塁打などで島袋から大会最多の5点を奪ったが、完全攻略には至らなかった。小倉監督が振り返る。

「カーブが良かったですね。あのカーブは打ちにくかったと思いますよ。大きなカーブに、速い真っすぐ。そして、ここぞという場面では高いボールに手を出させる。『この高さだけは気を付けろよ』と言ってはいましたけど、ウチのバッターがあれだけ高めの真っすぐに空振りするというのは、やはり真っすぐの質が独特だったんでしょうね。インコース攻めも、バッターの右左に関係なく躊躇なかったです。甲子園であれだけインコースを徹底して攻めてくるピッチャーも珍しいですよ」

全国屈指の日大三打線に対しても物怖じせず、容赦なくインコースを攻めてくるピッチャーという点で、真っ先に思い当たる存在がいる。2006年夏の頂点を極めた斎藤佑樹（早稲田実）である。斎藤は日大三との試合になると、フルカウントからでも思い切ってインコースを突いてきた。中軸打者に対しては、後ろに大きく仰け反ってしまうほどにインコースをえぐり、カウントを整える段階では躊躇なく顔の近くを突いてくることさえあった。
日本ハムのユニフォームを脱いだ斎藤が東京の指導者講習会に招かれた時、小倉監督は「あの時、斎藤君はどういう思いでウチのバッター相手に投げていたの?」と質問している。斎藤は言った。「打たれたら仕方ないし、当ててしまったら仕方ない。でも、あそこに行かないかぎりは打たれちゃう。だから、思い切って投げました」と。

「斎藤投手も島袋投手も、勝負度胸が据わっているんです。大事な場面で〝ぶつけたら仕方ないだろ〟と腹を括れるピッチャーなんですよ。もうひとつ共通しているのは、踏ん張れるピッチャーだということです。崩れそうで崩れないんですよ。興南戦はウチもランナーを溜めた攻撃ができたけど、もう一本、もう一打、もう一球が足りなかった。斎藤君も二死満塁のピンチでど真ん中に渾身のストレートを叩き込み、見逃しの三振を奪うことができるピッチャーでした。そこもすごく重なった部分です」

2006年夏の日大三は、西東京大会の決勝で斎藤の早稲田実と死闘を繰り広げ、延長11回サヨナラで涙を飲んだ。小倉監督にとっては、その長いキャリアの中で「もっとも悔しかった試合」となった一戦だ。
西東京大会で敗退すると〝もう甲子園なんか、なくなればいいのに〟と思いながら、テレビ中継もいっさい見ない小倉監督だが、延長再試合となった2006年夏の決勝戦だけは、現役生を集めて中継に見入った。「見たか。この斎藤の踏ん張りを。見習わなきゃダメだからな」と自らに言い聞かせるように、生徒たちにハッパをかけたのだという。

斎藤佑樹と島袋洋奨。全国を極めたふたりの投手との対戦は、小倉監督自身にとっても貴重な戦歴となった。

なぜ「勝てる試合」を落としたのか？

現役時代は甲子園出場経験がないばかりか、レギュラーを掴むこともままならなかった。進学した日大でも野球部には入部せず、在学中は母校の日大三で学生コーチを務めるなど、小倉監督は決して花型プレイヤーとしての野球人生を歩んできたわけではない。

だから、甲子園や大学野球、社会人やプロといった華々しいステージを経験してきた監督に対して、劣等感を抱き、羨望の眼差しで見てしまうところがあると小倉監督は言う。同時に〝負けられねぇぞ〟という対抗心も、苛烈なまでに燃え上がる。

「それは選手にも言うんですよ。『監督会議に行けば、選手としての実績が一番ないのは俺だけど、監督としては負けないぞ』と。だからセンバツの決勝戦も〝社会人から来た？上等じゃないの〟という気持ちが〟どこかにはあったでしょうね。〝高校野球はそんな簡単には勝てるもんじゃないよ〟という意地がね。ただ、北海道の雪の中で練習をやって、駒大苫小牧の香田さんがそれを学んで強くなっていったという情報が、自分の頭の中に入りすぎていたのかもしれません。正直なところ〝我喜屋さんは何をやってくるのかな〟という思いを抱きながら試合をしていたのは事実です」

〝いつ動いてくるのかな〟と警戒しながらの試合となったが、決勝戦ではとくに大きな仕掛けはなかったと小倉監督は振り返る。むしろ気になったのは、社会人出身監督ならではの「徹底力」だった。

「社会人の監督は、とにかく徹底しているんですよ。とくにバッティングの面ですね。社会人野球の試合を見ても『ウチは絶対にこういうバッティングをするんだ』と、チーム内に徹底させている方が多いんです。『右を狙え』と言ったら絶対に右だし。あれだけヒットを量産していた我如古選手も、大きいのをガツーン！　というタイプのバッターではありません。しつこく押っ付けてくるバッティングに徹底していましたよ。もちろん彼だけではなく、チーム全体がね」

終わってみれば〝もっとこうしていれば〟と思うような場面や〝なぜあそこで指示を出してやれなかったのか〟という後悔が、たくさんあった試合となった。つまり、小倉監督とすれば「勝てたはずの試合」だったのだ。

「監督として負けの悔しさを味わう時って、勝てる試合を落とした時なんです。一方的にやられて手も足も出なければ、諦めもつきますからね。内野手の守備位置を指示しきれなかったということは、指示できるだけの情報を自分が持っていなかったということじゃないですか。情報を上回る先入観でしか指示を出すことができなかったわけですから、たとえ勝てる試合であっても勝てるわけがありません」

2010年の興南がそうだったように、2011年の日大三は畔上や高山、横尾ら甲子園経験者を6人も残した経験豊富なチームだった。しかも、ただの甲子園経験ではなく、延長で競り負けての準優勝を身を持って体験した世代である。

春準優勝の後、夏の甲子園出場を逃した日大三だが、新チーム発足時点で小倉監督は「絶対に勝つ！」と高らかに誓った。日本一を意識して新チームをスタートさせたのは、意外にも長い監督人生でこの時が唯一だったという。

その新チームは秋の都大会、明治神宮大会で優勝し、「本命視」された翌春のセンバツでは4強に終わるも、夏は公約通り深紅の大旗を勝ち獲った。10年ぶり2度目の頂点。準決勝と決勝はいずれも10点差を付けての大勝と、小倉監督自慢の打力を存分に見せつけての戴冠だった。

「あの春の準優勝が、翌年の優勝に向けては大きなプラスになったのは間違いありません。選手にとっても、自分にとっても」

優勝した2011年夏は、6試合で63得点を挙げた日大三。これは、前年夏の興南が記録した6試合50得点を大きく上回る数字だ。春の頂上決戦から1年4か月、小倉監督の中に生じた数々の誤算は、見事に勝算へと変わったのである。

第三章

沖縄県に深紅の大優勝旗をもたらした「我喜屋流」

県民の悲願、夏の甲子園優勝までの道のり

優勝フィーバー冷めやらぬ中で

日大三との死闘を制し、県勢2校目（3度目）のセンバツ優勝を果たした興南。前評判通りに春タイトルを獲ったことで、沖縄県民の夏に向けた期待値は一気に膨れ上がった。

センバツ後の4月末に行なわれた九州大会では、エース島袋を温存しながら樟南（鹿児島）、明豊といった九州地区の強豪をまったく寄せ付けず、センバツ王者の貫禄と総合力の高さを存分に見せつけて優勝。夏の第1シードを決める沖縄県チャレンジマッチで敗れる波乱はあったものの、おおむね順調に夏へのVロードを歩んでいるかのように見えた。

沖縄では連日の取材攻勢や表敬訪問などをこなす日々。もちろん日増しに高まる「春夏連覇だ！」、「県勢初の夏優勝も見えてきた！」といった声は、自ずと我喜屋監督や興南ナインの耳にも入ってくる。我喜屋監督がもっとも危惧したのは、甲子園で優勝したことによって選手たちがチヤホヤされ、天狗になったり油断が生じたりすることだった。社会人時代に何度も優勝を経験している我喜屋監督は、そうした心の隙がすべての崩壊に繋がることを知り抜いているのだ。

そうした最中、島袋や我如古ら主力選手をはじめ、3年生部員の多くが練習から外されるという事件が起きた。我喜屋監督は「眉毛いじりは規則違反。反した者は練習参加を禁止する」という部内ルールに則り、違反者全員に学校周辺の清掃奉仕活動を課したのだった。春優勝の功労者であろうが、いっさい容赦はしない。夏の沖縄大会開幕まで1か月弱という時期であっても、まったくお構いなしの我喜屋監督である。センバツで神がかり的な打棒を発揮した我如古が、自ら「キャプテンを他の部員に譲りたい」と訴えてくるほど、その処分は徹底していた。

1週間後、我喜屋監督は違反した選手たちの謝罪を受け入れ、練習への参加を許可した。結果的にこの事件でチーム内の空気は一段と引き締まり、夏へ向かう挙党一致体制が出来上がっていったのである。

夏の沖縄大会は1回戦で宮古総合実を10－0の5回コールドで破ると、2回戦で浦添、3回戦で与勝に勝利。準々決勝の宜野座、準決勝の八重山はいずれも7回コールドで撃破し、決勝も宮国椋丞（DeNA）を擁する糸満に9－1と完勝。センバツで火を噴いた打線がますます強化され、6試合46イニングで47得点。大会中は山川、真栄平、島袋、我如古に一発が飛び出している。一方で失点はわずかに3と、投手陣もまったく付け入る隙を見せなかった。とくに左腕の砂川大樹、2年生右腕の川満昂弥の台頭が大きく、島袋の完投は2回戦と決勝のみ。危なげない盤石の勝ち上がりで、いよいよ春夏連覇を賭けた甲子園の戦いへと乗り出していくのだった。

春夏連覇を確信した瞬間

我喜屋監督自身、達成となれば史上6校目となる春夏連覇を過剰に意識することはなかったが〝この子たちなら……〟という思いはたしかにあった。なぜなら、センバツ優勝直後に、早くも夏の優勝を確信する出来事が起きていたからだ。

「センバツで優勝した翌朝のことだね。我如古の1分間スピーチを聞いて〝これは夏も勝てる〟と思ったよ。その日、大阪の住之江公園を散歩したら、桜が満開状態だった。それまでは試合のことで頭がいっぱいで、桜を見る余裕すらなかったけど、我如古がスピーチでこう言うわけさ。『3週間前に来た時には、つぼみにすらなっていなかったのに、気が付けば花が満開。まるで僕たちの優勝を祝福してくれているかのようです』とね。〝キザなことを言いやがって〟と思ったけど、すぐに〝これは心の中が花満開になっているな。だったらここで摘み取ってあげましょう〟と思ってね。『桜なんて、何日も経たないうちに散っていくんだぞ』と言って、釘を刺したんだ」

そして、得意の〝我喜屋問答〟を繰り広げたのである。

「桜が散った後には、それを支えていた枝が見えてくる。だけど、もっと大事なものは幹だろう。幹がしっかりしていないとダメだ。でも、お前たちはもう忘れているな。花よりも枝よりも幹よりも、もっと大事なものがある。それは何だ？」

「根っこです」

「そうだろ。目に見えない部分を強くしたから、お前たちは花を咲かせることができたんだよ。花ばかりを見ていると、根っこが腐ってしまうぞ」

我喜屋監督の言う根っこ作りとは、ゴミ拾いや食事の後片付け、早朝の散歩から1分間スピーチといった日常の生活習慣であり、その積み重ねがあったからこそ春の優勝が実現したのだと力説した。優勝した選手たちが花なら、試合に出ていない他の70人の野球部員が興南野球部の根っこである。打撃投手など、陰の力になってくれたチームメイトがいる。

「その根っこをむしり取るようなことがあれば、俺は絶対に許さない」と言い放ったのだ。

「その時さ。僕が春夏連覇を確信したのは。その話をした後からグッとチームがまとまって〝もう花は充分だ〟という雰囲気になったんだよね。大会後にはたくさんの花が寮に届けられたんだけど、選手たちは『これ、もう片付けていいですか？』と、僕のカミさんに言ってきたらしいんだ。大事な人たちからいただいた花だし、別に捨てる必要はないんだけど、彼らの中でしっかり切り替えができたんだろうね。眉毛のこととかいろいろあったけど、彼らの中では春の優勝はもう過去の出来事になっていたわけ。社会人時代に大会で優勝すると、最初は〝ありがとう〟という気持ちで胴上げされているけど、2回目からは〝早く降ろせ〟になっちゃう（笑）。胴上げされながら〝さて、明日からはどんな練習をしようかな〟とか考えているんだ。僕は社会人野球というレベルの高い世界でやってきたから、そこでいかに監督が冷静に振る舞うことが大事なのかを、身を持って覚えてきた。そういう姿勢は、やっぱり選手たちにも伝わるよね」

２０１０年の選手たちは、大人の話を聞き、行動に移すことができた。指導者のやりたい野球を選手が忠実に遂行していくうえで、この「素直さ」こそが必要不可欠だと我喜屋監督は言うのである。

暑さ対策は島袋の奪三振ショーが発端!?

夏の暑さ対策にも抜かりはなかった。「暑ければより暑く、寒ければさらに寒く」と考える我喜屋監督だけに、その方法はいかにも我喜屋監督らしいユニークなものだった。

「選手に『暑いか?』と聞いたら『暑いです』と言うので『だったら合羽を着てこい』と言ってやったの。あいつら、学習能力がないんだよ（笑）。もちろん『倒れる前にやめろよ』とは言ってあったけど、島袋も合羽を着て投げ込みをしたし、他の連中もみんな合羽を着て走り込みをしていたね。夏の沖縄でそこまでやっておけば、甲子園に行ったら涼しくて仕方ないのさ」

暑い時期に合羽を着せて練習をすると、減量中のボクサーのように体重が減ってしまう可能性もある。しかし、減量が目的のボクサーと違って、興南野球部の目的は暑さに慣れることにある。しかも、食事制限をしているわけではないので、体重が落ちたらその分は食べて補えばいい。この方法で大きく体重が減った選手はいなかったと、我喜屋監督は言う。

また、炎天下の中で立ち続けていられるだけの体力を、備えておかなければならない興南ならではの理由もあった。エース島袋は、奪三振量産型のピッチャーだ。したがって、試合中の野手は、各ポジションで打球を待っている時間が長いということでもある。

「前の年のセンバツで、島袋が富山商を相手に19三振を奪って負けた試合があったでしょ。

その時に〝あっ！〟と思ったんだよね。島袋は一生懸命投げている。キャッチャーも一生懸命で、バッテリーは本当に頑張った。でも、三振ばかり取るものだから、試合中に全力で動いているのはふたりだけ。他は充分に動けていなかったの。だから、バックの野手がやってるのさ。『あー、寒い。寒い』と言ってベンチに戻ってくるわけ。グラウンドの上で、かじかんじゃってるのさ。あ、これはダメだ。対策はしっかりしなきゃダメだな、と。そこで思いついたのが、氷を入れたバケツに手を突っ込ませて、かじかんだ状態で練習する方法なんだけど、ようするにそれの夏版なんだよ」

我喜屋監督にとって、夏の甲子園を指揮するのは2010年が3度目になる。過去2度出場した経験を最大限に活かし、甲子園でも限られた時間の中で、試合直前まで徹底した暑さ対策を施している。

「他のチームはTシャツでアップや打ち込みをしているけど、ウチは長袖でやらせているから。室内のクーラーのスイッチを消してね。根性のない関係者は、みんな逃げていくよ。つまり、室内の温度と外の温度をなるべく近づけようとしているわけ。そもそも室内でへバっているようでは、真夏の屋外で試合なんてできっこないさ。中がキンキンに涼しかったら、あの炎天下に出るだけで出汗多量でバテてしまうでしょ。そして、試合前ノックが終わった段階で『もう半袖でいいよ』と言って、アンダーシャツを取り換えさせるの。当然、クーラーのない室内よりも外の方が快適なんだよ。風も吹くし、ベンチには氷も用意されているわけだから、そりゃパフォーマンスは上がるよね」

甲子園の試合はダブルヘッダーの2試合目

練習前の「興南アップ」を終えたら、すでに1試合をこなしたも同然と語る我喜屋監督だが、運動量の限られる甲子園大会の試合前も〝1試合分〟を入念にこなすのだという。

「狭い室内であっても、バッティングやバント練習はもちろん、試合に備えた準備はいくらでもできるんだよ。小さなダッシュはかけられるし、前後のフライを追う動作、横のゴロを捕球する動作など、できることはいくらでもあるよね。内外野とも、全力のネットスローで肩作りだってできるんだから。つまり、スイング力、投力、走力といったすべてのアップを完了しているわけ。もちろん相手ピッチャーの右左対策はするけど、バッターボックスに立ったら一球目からフルスイングできるようになっているのさ。極端に言えば、実際の試合はダブルヘッダーの2試合目。そういう感覚でやりなさい、と言っているんだ。

だから、ウチの選手が室内を出る時には、すでに1試合を終わっているんだよね。よそのチームをあまり見る機会はないけど、担当役員の話を聞けば『迫力が全然違いますよ』と、みなさん言うでしょ。そりゃそうさ。目の前で試合を見ているようなもんだから」

前の試合が7回ぐらいに差し掛かってくると「練習終了」の号令が掛けられ、監督や選手はアルプススタンド下の通路で待機しなければならない。長袖アンダーシャツを着こんで、試合さながらの試合前練習を行なってきたナインは、風通しの良い屋外通路に出た時点で、アドレナリンが最高潮に達するのだ。

「暗いところから解放された暴れ馬の手綱を引くのは、本当に大変だからね。あの通路に移動した時には、試合に向かう心身のコンディションは出来上がっているわけさ。彼らは燃えたぎっているよ。大勢の観客に囲まれた中での試合は、独特の緊張感があるけど、選手たちは外に出た瞬間から応援や球場の音で胸が躍っているものなの。そこで、雰囲気に慣れさせる。いわゆる、大衆対策だね。ここまで来たら、もう何も恐れることはないよ。すでに1試合分の準備もしてきているんだから」

プレイボールがかかり、選手が打席に向かう。しかし、我喜屋監督と興南ナインの感覚としては、1打席目も1打席目ではない。興南は2010年夏の甲子園で6試合を戦ったが、初回打率は24打数11安打で・458を記録した。全試合で初回安打を放ち、3回までに得点を挙げたのも6試合中4試合。計12得点を奪っている。興南ナインは、試合の入りからトップギアに持っていけるのである。

夏を勝つためには沖縄がひとつになる必要があった

話は遡る。沖縄に戻って母校監督に就任した我喜屋監督は、高校野球の監督として初めて甲子園に出場した1年目のオフに、県内各校の指導者が一堂に会する懇親会を設立した。県内のマスコミ各社も参加するこの懇親会は、1回目から15年が経った現在も継続して行なわれている。

「僕が来る前の沖縄は、監督同士で『どこどこに選手を持っていかれた』とか言い合って、結構バチバチやっていたんだよね。そこで僕は『ひとつ提案がある。監督みんなで集まって、忘年会か新年会をやろう』と言って、若手の公也（※沖縄尚学の比嘉監督）に幹事を頼んで1回目を開催したわけさ。そして、僕はみんなを前にして言ったんだ。『●●高校の選手〟は他校の選手かもしれないけど、どこの学校の選手であっても、沖縄県の選手であることには違いないんだ。沖縄の子を、沖縄の大人みんなで育てているんだということを忘れてはいけないよ』とね」

もちろん、沖縄県の高校野球を盛り上げたい、もっとレベルを上げたいという狙いもある。沖縄尚学が2000年春に優勝して、競技レベルがある一定の線まで上がったのは我喜屋監督も感じていたが、夏の甲子園優勝という県民の悲願は、一度として叶えられてはいない。だから、夏に沖縄県の高校が甲子園で優勝するためには、沖縄県がひとつにまとまる必要があると、我喜屋監督は考えたのだ。近年、東京都の代表がなかなか優勝できていないのは、野球界がひとつになりきれていないからだと感じていた我喜屋監督。一方、神奈川県は監督が集う懇親会を恒例化していたからこそ、甲子園でも強かったのだと言う。

「監督同士は仲が良い方がいいの。そこでいろいろ情報交換もできるしね。興南は甲子園にも行った。九州大会にも行った。中には、マスコミにも話していないこともたくさんあるよね。監督さんもマスコミの人たちも、聞きたい情報はいっぱいあるわけさ。『なんであの先発を使ったのか』とか『あの試合はどうだったの?』と聞かれたら、僕も包み隠さず何もかも喋っちゃうの。もちろん、戦い方についての質問にも答えるよ。甲子園の戦法って、どんなものかなと気になるでしょ。テレビ中継だけを見ていては、分からないことがたくさんある。そういうところを曝け出すんだ。そうすることで、経験のない監督さんの勉強にもなるから。監督の仲の良い悪いは関係ない。マスコミも県内全社が来てくれて40～50人ほどの大宴会に発展したわけさ。司会はテレビ局が持ち回りでやるんだけど、本職のアナウンサーだからそりゃ上手なんてもんじゃない（笑）」

会の起ち上げ早々、我喜屋監督が「他人の文句ばっかり言っていたら、人生すべてがダメになる！」と強く念を押した効果もあり、以前のように「選手を引っ張った、引っ張られた」だとか「本当はセーフだったのに、審判はどこを見ているんだ」といったネガティブワードは、表面上はほぼ見られなくなったと我喜屋監督は胸を張る。戦いの場は、あくまで2時間半の試合の中だけ。〝悔しい〟という感情が湧いたとしても、それは長い人生の中のわずか一瞬の出来事に過ぎない。

こうして沖縄県野球界の一体化が進んだことも、県勢初の夏優勝に挑む興南にとっては大きな力となったのだ。

投打が噛み合った夏の快進撃

夏の甲子園が開幕した。興南の春夏連覇を阻止しようと、春同様に難敵ばかりが立ちはだかった。

「夏は勝ち進むたびに抽選で次の対戦相手を決めるでしょ。我如古って試合ではあんなに勝負強いのに、クジ運は悪いし試合前のジャンケンもことごとく負けて帰ってくるんだ。春の時もそうだったけど〝我如古はどんだけクジ運が悪いんだ〟って笑うしかないよね。たまたま『勝ちました！』と帰ってきたのが、雨で中止となったセンバツの準決勝さ。日本一どころじゃない。世界一ジャンケンが弱いね、アイツは」

1回戦は春優勝1回、春夏準優勝1回の鳴門と対戦。興南は序盤から攻め立て、1番・国吉大陸の2ラン、6番・山川の3安打などで15安打と、さすがの打力を見せつけて9点を挙げる。投げては島袋、川満のリレーで無失点。投打が噛み合い、会心のスタートを切った。

2回戦は明徳義塾に8－2で快勝。伊礼の一発を含む2試合連続の二けた13安打、先発全員安打の打線に、島袋が9回12奪三振の快投で応える。

「他人のことは言えないけど、やっぱり社会人出身の監督さんは、ちょっと野球がややこしいよね（笑）。明徳義塾の馬淵（史郎）さんもそう。僕の同級生にあたるけど、後の鍛治舎（巧※現・県岐阜商）もそうだよね。ああいう、いろいろ仕掛けてくるチームに対して、投打とも危なげなく勝てたのは大きいよ」

3回戦は仙台育英に4－1で勝利。打線は8安打と小康状態だったが、国吉大陸の3安打などで序盤に握った主導権を手放すことはなかった。

準々決勝では聖光学院に10－3と大勝した。再び活発化した打線が、大会屈指の2年生右腕・歳内宏明（元阪神）を序盤に攻略。2番・慶田城が3安打5打点、1番・国吉大陸、5番・銘苅も3安打と気を吐いたのだった。

「慶田城はキャッチャーとして入ってきたんだけど、足が速くて肩もある。山川もいるから、思い切って外野に転向させたの。入ってきた頃はスイングがとっても弱い子でね。もともと右利きなのに、作られた左バッターになっていたわけさ。そういう子は得てして打力が弱いよね。どうしようかなと思っていたけど、振り込ませているうちに、強い逆方向打ちもできる良い2番バッターになってくれたんだ」

大願成就まで、あと2勝に迫った興南。準決勝の相手は、報徳学園に決まった。

ストレートを狙われた島袋、春夏最大の試練

準決勝の前日、記者から試合の展望を問われた我喜屋監督は「5点勝負じゃないですか。先に5点を取った方が勝つと思いますよ」と答えている。しかし、試合は思わぬ展開で進んでしまう。

初回、報徳学園が3番・中島一夢のタイムリーで1点を先制する。さらに2回、バントエンドランや三盗などで揺さぶられた島袋が満塁のピンチを背負うと、先制タイムリーの中島に走者一掃の三塁打を浴びてしまう。さらに4番・越井勇樹のレフト前でもう1点。なんと、2回終了時点で5点のビハインドを負ってしまったのだ。

「先に5点を取った方が勝つ」と言ったのは我喜屋監督本人だが、先に5点を取ったのは報徳学園だった。ここで我喜屋監督の脳裏に、苦い記憶が蘇る。

「まさか島袋が5点を先制されるなんて、誰も想像していなかったでしょ。ミスも絡んだよね。興南らしくない失点が重なったので、5点どころか20点取られるかもしれないと覚悟したさ。僕が選手として出場した夏の50回大会は、同じ準決勝で、やはり同じ近畿の興国に0－14で負けているんだ。当時を知っている沖縄県民は、みんなあの試合の記憶が蘇ったただろうね。そして〝やっぱり夏は準決勝までか……〟と思ったはず。僕もチラッとだけ〝選手たちも、さすがにベスト4まで来て精魂尽き果てたのかなぁ？〟と思ってしまったよ」

報徳学園とは、夏の前にも練習試合で対戦している。その試合は島袋を投げさせず「2－1か1－0」（我喜屋監督）というロースコアで興南が勝っている。そして、その試合で投げなかった島袋が、甲子園の本番でストレートを狙い打たれてしまうのだ。我喜屋監督は〝あの時に一度投げさせておいた方が良かったかな〟と反省した。島袋が相手のバッターを事前に知ることができたからである。しかも、島袋は試合の中で過去の経験を活かしながら、ピッチングを組み立てられるピッチャーでもあった。

この準決勝では、左ピッチャー対左バッターの場面でも簡単に打たれてしまう。島袋は明らかにストレートを狙い打ちされていた。そこで、サードを守っていたキャプテンの我如古が、島袋に歩み寄って語りかけた。

「馬鹿か、お前。真っすぐばっかり放ってどうするんだよ。相手はずっと洋奨を打つために、150キロを打つ練習をしてきてるんだぞ」

このひと言が、島袋を立ち直らせた。カーブやスライダーといった変化球を主体に報徳打線のタイミングを崩しにかかったところで、流れが一気に変わったと我喜屋監督は感じ取った。4回を終わって、依然として0－5の試合が続く。しかし、ベンチ内には「まだ序盤だろ」、「ここから1点ずつ取れれば余裕だよ」、「開き直れて良かったね」と声を掛け合う選手たちがいる。マウンド上には、3回以降は本来の姿を取り戻して無失点を続けるエースがいる。我喜屋監督が過去の記憶を振り払った時、興南ナインは、すでに普段通りの野球を取り戻していたのだ。

我喜屋監督も「普段通りの興南の試合をすれば大丈夫。まったく問題ないから」と言って選手を鼓舞した。それは虚勢でも何でもなく、確信を持った叱咤激励でもあった。

底力を見せた選手と、選手を信じきった指揮官

5回、島袋がセンター前ヒットで出る。続く大城のゴロをサードの中島が悪送球し、無

死一・三塁。その後、一死二・三塁となり2番・慶田城がサード強襲のレフト前打で島袋を還す。相手レフトが打球処理をもたつく間に大城もホームイン。さらに我如古がセンター前に運んでもう1点。計3点を返し、球場は完全に興南の押せ押せムード一色となった。そして、6回には島袋のタイムリーで、ついに1点差とした。

7回は先頭の国吉大陸がセンター前打で出塁。慶田城がきっちり得点圏に送ると、我如古に右中間を破る三塁打が飛び出し、とうとう興南が試合を振り出しに戻す。ここで報徳学園は1年生右腕の田村伊知郎（西武）にスイッチ。打席には甲子園に入って17打数3安打、打率・176と悩める4番・真栄平である。

「前の試合までさっぱりだったからね。まわりの人も『どうしてあいつを4番で使い続けるんだ』と騒いでいたよ。酔っ払ったOBが入れ代わり立ち代わりで詰め寄ってくるんだ。でも、そういう声を僕はいちいち突っぱねるわけ。『使っちゃダメですか？　毎日グラウンドで彼のことを見ているのは監督の僕ですよ。みなさん、毎日グラウンドに来ていますか？　何人の人がそんなことを言っているのか知りませんけど、むしろその人たちからお金を集めて寄付してくださいよ』と言ってやったんだ（笑）」

我喜屋監督は、打席に向かう真栄平を呼び止め「バットを短く持て」と指示した。過去に出場した甲子園で2本塁打を放ち、夏の沖縄大会でも打率・375と活躍した4番の真栄平だが、ここは主砲としてのプライドも何もなかった。代わった田村の初球に詰まりながらも、打球はしぶとくセンター前へ。これで我如古が生還して逆転に成功。9回は島袋が相手の3、4番を連続三振に斬って取り、6－5で興南が勝利を収めた。

「グラウンドだけじゃないんだよ。真栄平のことは毎日、散歩や1分間スピーチでもずっと見てきているから。みんなに元気がなければ、大きな声を出して盛り上げてくれたのも真栄平。そういう姿も知らずに、適当なことを言ってはダメだよね」

恐るべき底力を見せた選手たちと、選手を信じきった我喜屋監督。決勝進出を決めたこの試合で、興南ベンチには過去最高と言っていい一体感が備わった。

春夏連覇、成る！　沖縄県がひとつになった日

第92回選手権大会の決勝戦が行われた2010年8月21日。この日の甲子園球場は〝本当にここが兵庫県西宮市なのか⁉〟と疑いたくなるほど、興南カラーのオレンジをまとっ

た〝うちなーんちゅ（沖縄の人）〟でごった返していた。予定を大幅に早めて開門された午前8時35分の段階で行列待ちは5650人に達し、午前9時には早くも満員通知が出た。あの早稲田実と駒大苫小牧による決勝戦でも、行列待ちは4000人だったというから、いかにこの日の球場前が異質な空間だったかが分かってもらえると思う。

　沖縄県民の悲願が達成される瞬間を、ともに共有したい。そして、その目に焼き付けたい。それだけの〝念〟に近い思いを抱いた人々が、試合開始の4時間も前から東海大相模の三塁側アルプスを除く甲子園のスタンドを埋め尽くしていく。

　我喜屋監督を先頭に、興南ナインがグラウンドに姿を現すと、球場全体から地鳴りのような歓声が沸き上がり、けたたましい指笛が一斉に鳴り響いた。こうなると、甲子園球場は完全に興南のホームである。

　そんな雰囲気の中、試合は4回に興南が7番・伊礼のセンター前タイムリーで1点を先制。その後、島袋のスクイズを外した東海大相模の捕手・大城卓三（巨人）の悪送球でまた1点。さらに9番・大城から4番・真栄平まで5連打が飛び出し、この回7点のビッグイニングで試合の主導権を完全に掌握した興南。6回には我如古にダメのダメを押す3ランが飛び出した。キャプテンとして、打線のリーダーとして春夏の甲子園で主役を張った男の、これが事実上の決着弾となった。

　東海大相模の先発は、プロ注目の右腕・一二三慎太（元阪神）。3回戦の土岐商（岐阜）

戦では最速147キロのストレートを武器に1安打完封。8回先頭までノーヒットピッチングという快投を演じていたが、我喜屋監督には攻略の糸口が見えていた。

「僕が言っていたのは『狙い球はスライダー。無理して引っ張ることなく、ストライク・ボールの見極めをしながら、できるだけ球数を放らせる。そして、アウトコースにヤマを張っていけば投げるところがなくなるだろう』ということ。それに一二三君は大会前にサイドスローに変えていたでしょ。上から投げて良かったら変える必要はないんだ。そう思えば、どれだけ良いピッチャーでも怖くなくなるでしょ」

終わってみれば、興南は先発全員の19安打で13得点。実際に19本中10本がセンターから逆方向への打球で、我如古が打ったとどめの3ランも、一二三のスライダーだった。投げては島袋が9回を1失点で投げ切り、2010年シーズンを象徴する投打にハイレベルな興南の野球で、ついに史上6校目の春夏連覇を達成したのだった。

表彰式で我如古が高らかに叫んだ「沖縄県民みんなで勝ち獲った優勝です」の言葉に、いったいどれだけの人々が涙したことだろう。その後、深紅の大優勝旗が初めて降り立った那覇空港には、4500人もの県民が詰めかけた。喉が張り裂けんばかりの歓声を挙げ、歓喜のカチャーシーを舞う人たち。我喜屋監督も待ち望んだ、沖縄県がひとつになった瞬間だった。

日本代表でも貫いた我喜屋流

夏の甲子園で優勝した後、我喜屋監督は日米親善試合で高校日本代表を指揮。履正社（大阪）の山田哲人（ヤクルト）、中京大中京（愛知）の磯村嘉孝（広島）、前橋商（群馬）の後藤駿太（中日）らも名を連ねた日本代表には、興南からは島袋、山川、真栄平、国吉大陸、我如古が参加。夏の決勝戦を戦った東海大相模からも一二三をはじめ3選手が加わった。

この遠征でも、我喜屋監督らしさは全開だった。

「ジャパンの時もすべて興南方式でやったよ。朝の散歩もやったし、1分間スピーチもやった。もちろん、他校の選手も一緒にね。中には〝なんで朝から散歩しなきゃいけないの〟と不機嫌そうな顔をしていた子もいたよ。誰だったかは忘れたけど、サンダルで歩こうとした選手がいたから〝この程度か、お前らは〟と思って『靴を履いてこい！』と叱ったこともあった。いかに興南の子たちの時間の過ごし方とか、私生活がしっかりしているかを、再確認する場になったね。ご飯を食べた後も、食器を綺麗に重ねて片付けているのは興南の子だけ。それもこれも、次の行動を考えたカバーリングなの。おばちゃんたちが食器を洗いやすいように、先のことを考えているわけさ。そこはアメリカ遠征中も徹底的にやっていたから、最後の方はみんな理解してくれて、ひとつのチームみたいになっていったね」

遠征チームでは、東海大相模の門馬敬治監督（現・創志学園監督）がコーチとして帯同した。門馬監督は私生活から我喜屋監督が喋っている内容を、メモを取りながら聞き入っていた。その時、我喜屋監督は〝あの青いタテジマの軍団に興南の心を入れられたら、ウチは絶対に勝てないな〟と感じたという。翌年、実際に東海大相模は春の甲子園で日本一になった。我喜屋監督と過ごした夏の決勝戦以降のわずか2週間ほどの経験が、門馬監督と東海大相模をより強大な存在に昇華させたとしても、まったく不思議ではない。

「甲子園の決勝戦で敗れた相手との間に、どんな差があったのかを、彼なりに考えたのは間違いないだろうね。そして、興南は挨拶や基本的な生活習慣など、私生活からしっかり作っていたことに気が付いたんじゃないかな。彼とは遠征中も一緒に散歩をしていたよ。僕の言うこと、やることすべてをメモしていたとは思わないけど、選手を前にしたミーティングもずっと傍で聞いていたし、実際に質問をしてきたこともある。そうとう勉強している感じは伝わってきたね。『興南アップ』も、どういうアップをしているのかをすべてメモっていたから。1分間スピーナやご飯、片付けから、すべてにおいて、当時は興南が上だと感じたはずなんだ。彼ほどの指導者だから、そこで得たものは少なからず彼の引き出しに収まっていると思うよ。引っ張り出すことがあるかどうかは別としてね」

東海大相模は、興南に敗れた２０１０年が、意外にも33年ぶりの夏出場だった。その後、２０１１年春、２０１５年夏、２０２１年春と、門馬監督によって３度の日本一を達成。高校野球史に輝かしい一時代を築いたのは間違いない。

グラウンド上に〝監督〟が続出した２０１０年

終わってみれば、危なげのない横綱相撲で達成した春夏連覇だった。土俵際まで追いやられたように見える夏の報徳学園戦も、決して苦し紛れの〝うっちゃり〟で勝ったのではない。むしろ、相手充分の姿勢で組み合いながら押し返し、最後は腰を割って反対側の土俵外へ寄り切った感すらあった。

なぜ、2010年の興南は強さを維持できたのか。

「あの代は僕でさえ〝ひょっとしたら、こいつら勝てるんじゃないかな〟と思ったぐらい、真剣に練習をしたし、飲み込みが早かったよね。彼らは若くて情熱もあるし、一晩中でもノックを受けて、指導者の期待に応えられるような選手たちばかりだったけど、とにかく頭が良いんだ。成績が1の子は1の野球しかできない。3が普通の野球。4と5は頭を使える。野球には野球頭脳というものが必要なんだよ。当時は成績の良い子も多かったから、今はみんな大人になって良い仕事に就いているよ」

興南では、試合で起こり得ることを、すべて練習で対策している。だから、試合になれば「さぁ、あとは好きに遊んでこい」と解放するだけでよかった。我喜屋監督は「高校野球の場合は甲子園に行ってまですべてを操ろうとする監督が多いけど、それでは監督ひとりが野球をやっているのと同じだ」と言う。一方で、大事な局面を迎えても〝こういう時のために、今まで何度も練習をやってきたじゃないか〟と思っているから、伝令を極力送らないようにしている。監督ひとりが野球をやっていたら、選手は監督におんぶに抱っこ。自らの力で状況を打開しようとしなくなるのだ。

「選手たちはいろんな人から『監督の甲子園ベスト4には追いつくことなんてできないよ』と言われていたけど、いとも簡単に追いつき、追い越していったじゃない。なぜ、それができたのかと言うと、夏の頃には彼ら全員が監督みたいな存在になっていたから。報徳学園の試合中に我如古が島袋に『真っすぐばっかり練習している相手に、真っすぐを投げてどうするんだ。変化球だろ』と言ったケースもそう。すでにグラウンド上では彼らが監督になっているわけさ。そこまで行けば、あえて伝令なんて送らなくていいでしょ。彼らも〝監督はここでこういうことを言う〟と分かっているから、単に僕の技術や指導を盗んで実践してくれていただけなんだ。こちらとしては、盗まれてラッキー。どんどん盗んでちょうだい、だよ。

春夏連覇の代は頭の回転が良かったから、ユーモアもあった。1分間スピーチのおかげだと思う。気づいたら、社会情勢を交えて人前で喋れるようにまでなったしね。僕としては、早くそういうチームを作りたかったの。興南や沖縄だけでなく、日本全体にね」

この後、我喜屋監督の組織作り、選手作りの手法は、書籍やインターネット、我喜屋監督を招いての講演会などで、全国各地へと伝播していく。実際に興南をモチーフにする指導者やチームが急増したのだから、興南による春夏連覇の影響力は計り知れない大きさだったと言っていい。

特別証言 3

門馬敬治

［創志学園監督（前・東海大相模監督）］

「この人には勝てるわけがない」
野球の技術や身体能力をも上回る人間力

アグレッシブ・ベースボール

「攻撃は最大の防御なり」

恩師でもある故・原貢監督の言葉をアレンジした「アグレッシブ・ベースボール」をスローガンに、東海大相模を4度の甲子園優勝に導いた門馬敬治監督。「タテジマのプライド」という言葉を用いてチームのベクトルをひとつにまとめ、激戦区・神奈川で確固たる地位を築き、甲子園では春夏通算30勝（7敗）。勝率8割を超える強さで「東の横綱」の異名を取った、現役屈指の名将だ。

2021年夏を最後に慣れ親しんだタテジマのユニフォームを脱ぎ、2022年8月からは岡山県の創志学園で指揮を執っている。

その門馬監督のキャリア唯一の甲子園準優勝が、興南に1－13で敗れた2010年夏。当時の東海大相模は最速149キロのプロ注目右腕・一二三慎太、強打の捕手・大城卓三を中心に、田中俊太（DeNA）、後に社会人や大学で活躍する高校日本代表の福山亮、伊集院駿らを揃えた大型チームだった。前年秋は関東大会で優勝し、明治神宮大会でも準優勝。センバツでは初戦敗退に終わったものの、この夏は準決勝までの4試合中3試合で二けた得点と打線が本来の力を発揮していた。しかも、エースの一二三は水城（茨城）との初戦でホームランを放ち、土岐商との3回戦では〝あわやノーノー〟の1安打完封と充実。準決勝は成田（千葉）との打ち合いを制し、満を持しての決勝進出だ。

しかし、門馬監督にとっては会心の勝ち上がりでもなかったという。意外なことに、東海大相模にとっては33年ぶりの出場となった夏。「疲弊しながらギリギリで勝って、なんとか決勝まで来ることができた」というのが正直な実感だった。エースの一二三も、大会前にサイドスローに転向したばかり。門馬監督は「苦し紛れに決勝まで行った代」と表現した。

甲子園ではある記者から「春と夏の間に、背番号10と1のピッチャーが替わったとか、新しい子が1になることはあったけど、同じ背番号1のピッチャーが投げ方を変えて出てきた例はないんだ」と教えられた門馬監督。チーム事情としては、それぐらい苦しい夏だったために「決勝戦の舞台に立っていることすら奇跡だった」と振り返った。

門馬監督は正直に胸の内を明かす。

「口では『日本一を獲るぞ』と言いながら、33年ぶりの夏出場を果たしたことで、どこかホッとしていた自分がいたことは確かです。そして、本気でそこを見据えて戦ってきた興南。そういう意味では、やる前から結果は決まっていたのかな、と思いますよね」

門馬敬治、当時40歳。勝者と敗者を分けた要因をさらに探るべく、門馬監督とともに2

010年の夏に立ち戻ってみよう。

投球の幅を見せた島袋と、興南打線の徹底した〝打つ姿勢〟

東海大相模は初回、2回と先頭打者がヒットで出塁するも、得点には結び付かず。島袋・山川バッテリーが繰り出してくる変化球主体のピッチングに手を焼いてしまう。

「あの試合は、完全にデータの裏をかかれましたね。『あの真っすぐを狙っていこう』というこちらの指示が分かっていたかのように、とにかくカーブやスライダーといった変化球ばかりで、ほとんど真っすぐを投げてくれませんでした。しかも、時折投げてくる真っすぐが素晴らしいので、余計に苦しかったです。島袋君の真っすぐは、球速よりも角度ですね。173センチと小柄なのに、非常に角度を感じるんですよ。高低角だけでなく、右バッターに入ってくる角度も良かったです。さらに甲子園で勝つピッチャーって、変化球の精度が高いんですよね。真っすぐが速いから勝っているのではなくて、変化球の精度が高いからこそ勝てるんです。島袋君も変化球が良いから、真っすぐ中心という自分のスタイルを変えてでも、勝ちに結び付けられるピッチングができるんです」

一二三は立ち上がりからストレートが走り、3回までに許したヒットは1本。この大会で3回を終えた時点で興南が無得点だったのは、準決勝に続いて2度目である。しかし、4回に興南が先制する。4番・真栄平の四球をきっかけに、6番・山川、7番・伊礼の連打でまずは1点。その後、島袋のスクイズを外した一二三と大城のバッテリーだが、ここで大城が三塁へ悪送球して山川が生還。その後、興南は5連打で畳みかけ、一二三から大量7点を奪うのだった。

相模打線は試合を通じて9安打を放ったが、島袋が披露したピッチングスタイルの幅に翻弄され、わずか1得点に終わってしまう。

一方、準々決勝・準決勝と2日間で310球を投げていた一二三も、疲労は隠せなかったか。6回には我如古の3ランなどで5点を奪われ、この回を投げ切ったところでマウンドを降りた。

「興南はバッターの打つ姿勢が本当に徹底されていましたね。打ち方というよりも、姿勢です。ストライクゾーンに来たボールは、しっかりスイングする。狙い球をセンターから逆方向へ強く叩く。打てるとか、打てないではないんですよ。そのことをやり通すという〝徹底力〟ですね。相手からすると、徹底されることが一番嫌なんです。『このチームには良いバッターがいる』とか『足が速い選手がいる』と言われても、そこはまったく気になりません。それよりも『全員が全力疾走をする』というように、チームの約束事が徹底されているチームの方が嫌なんですよ。その徹底力が、どのチームより頭抜けていたのが興南でした。もちろん、僕らは勝つことを前提に戦いを挑みましたよ。しかし、試合後には〝こんなに差があったのか〟と呆然としてしまいましたね」

東海大相模は、7回に伊地知輝のレフト前タイムリーで意地の1点を返すも、終わってみれば1－13。興南の「徹底力」の前に屈した形となった。

今を全力で取り組み、自分が進むべき道を切り開いていく野球

決勝戦を通じて、興南の徹底力を痛感した門馬監督。しかも、それはバッターの心構えだけにとどまるレベルの内容ではなかった。試合中には気が付かなかったことも、たくさんある。むしろ、時間が経てば経つほど、次々に興南の強さを思い知らされたと門馬監督は言う。

「良い選手がいるから、一番強いチームというわけではありません。一番強いのは、トップである監督の考え方がすべてに行き渡っている、浸透しているチームだと思っています。もちろん高校生ですから、いろんな問題もあるだろうし、求めている通りにはできないことも多々あるでしょう。試合でチョンボすることだってあるかもしれない。でも、それこそがアマチュアの高校野球だと僕は思っているので。ただ、そういう中でも『ウチの野球はこうだ』というものが、細部まで行き渡っているチームは、崩れないんです。ブレないんですよね。ガッツポーズひとつすることなく、淡々と今やるべきことをこなしている興南の選手たちを見て、そういう部分を感じました」

門馬監督が、興南の選手たちの〝今やるべきことに全力で取り組む姿勢〟を実感したのは、外野手からの返球である。興南の外野手は、決して内野に緩いボールを返さない。パッパパッパッパと素早く繋ぎながら返してくる。時にはその返球が乱れることもあるだろう。ただ、いつ起こるか分からないその一球のために、常に全力で準備をしているのが興南の選手たちだったと門馬監督は言うのだ。

「強いチームは、相手を見ませんよね。もちろん、データを取るために相手のことは見ていますよ。でも、ほとんどのチームや選手は相手を見て〝これなら打てるな〟とか〝これはちょっと厳しいゲームになるぞ〃というように、自分なりのゲームプランを立てます。そして、勝手に〝強い・弱い〃の判断をしてしまうんです。でも、ゲームって最終的には未来のことじゃないですか。未来のことなんて誰にも分からないはずなのに、未来を勝手に予測しちゃっているんですよ。未来を予測するのではなく、今やるべきことにどれだけ全力で取り組むか。興南の外野手からの返球を見ていると、ボールを受ける選手やそれをバックアップしている選手たちの動きにも、勝手な思い込みはなく『こういうケースはこうだから』と、はっきりと整理され、徹底できているんです。もちろん、それだけの準備ができているということでもあるでしょう。先のことはどうなるかは分かりませんが、今を全力で取り組むことで、結果的に自分たちが進むべき道を作り上げていく、切り開いていく。それは将来の人生設計にも通ずるところですよね。そうやって常に先手を打っていくのが、興南の野球ではないでしょうか。そこは第三者の視点として、我喜屋さんから学んだ部分です」

身体能力だけで優勝を勝ち獲ることはできない

「沖縄出身の選手は身体能力が高い」というフレーズを耳にすることは多いが、門馬監督は「みんながみんな、そうではない」と言う。2010年の興南も、180センチ台の長身選手がひとりもいない中で春も夏も圧倒的な打力を見せつけたが、それも決して身体能力があっての芸当ではなかったと門馬監督は見ている。

「身体能力以前に、結局は〝人〟なんですよね。当時、1番を打っていた国吉大陸君。現在は公認会計士として活躍しているそうですが、彼なんて、本当に人間性が出ていましたよ。もちろん野球の技術もあったんでしょうけど、それをもっと超えたところで野球をやっていた気がするんです。監督の前では『ハイ‼』、『失礼します‼』とやりながら、見えないところで舌を出しているという話はよく聞きますよね。興南の子たちもすごくハキハキしていましたけど、作られた感がまったくないんですよ。そうした振る舞いも、すごく自然なんです」

相模ベンチから見た興南は、各バッターの打球の質もいいし、ミスで点を取られることも少ない。ひと言で言えば、野球がしっかりしている。それ以上に2010年の興南は、人間力が野球の技術や身体能力を上回っていた。さすがに門馬監督は、その点を見逃してはいなかった。

また、高校野球の試合は、力の差があれば圧倒できるが、それ以外の試合はミスで勝敗が決まるケースがほとんどだ。我慢比べができるのか、できないのか。そこも普段の練習から我慢比べができていなければ、本番の我慢比べに耐えられるはずがない。
また、試合中に感情の起伏を感じることもなかった。点が入った時に舞い上がってしまい、逆にピンチの場面ではガクンと落ち込んでしまうチームは珍しくない。相手からすると、心の上下動は付け入る隙にもなるのだが、逆にそれがまったく見当たらなければ、対戦相手としてこれ以上厄介な存在はない。

「それはやっぱり、我喜屋さんの立ち振る舞いがそうさせるんじゃないですか。監督のそうした姿を選手たちが感じられるようになれば、チームは強くなりますよね。相模が強い時も、そういうことができていました。感情の起伏はないけど『よし、行くぞ！』という時にはガっと気持ちが入るし、逆に〝ここはまだまだ〟という場面では我慢もできる。大阪桐蔭の西谷浩一監督がよく言っている〝綱引き〟ですよね。『ここはとにかく耐えろ。絶対にこの綱から手を離すなよ』と言っておいて、向こうが息切れした時に『よし、今だ！』と号令をかけて力を開放させるんです。でも、当時の興南は選手が一喜一憂することがなかったし、息切れする瞬間もないので、相手はずっと押し込んでいくしかないわけです。これでは、相手が疲れ切ってしまいますよね。それに、興南の選手からは決勝戦を戦っている感じが伝わってきませんでした。僕は『いつも通り』という言葉が好きなんですけど、そのいつも通りが一番難しいんですよ。普通なら甲子園の決勝戦なんて特別な一日になりますよね。そして、その日のために頑張ろうとしてしまうものなのに、興南の選手にとっては〝いつもの一試合〟。それぐらいの雰囲気を感じました」

ちなみに、門馬監督がもっとも「嫌だ」と警戒した選手が我如古だったという。チームの中でとくに大事なことは監督とキャプテン、選手の信頼関係だ。それを興南の中でももっとも体現していたのが、我如古だったと門馬監督は言う。

「何が嫌だったって、あのリーダーシップですよ。まさに興南の象徴、我喜屋野球の象徴のような感じがしました。監督がふたりいるような印象すら受けましたね。興南のようなチームを作り上げるには、途方もない時間が必要だったはずです。しかし、限られた高校野球の時間の中で、我如古君は我喜屋さんを理解するために濃密な時間を過ごし、チームのために力を尽くしたのではないでしょうか。『島袋のチーム』と言われることが多かったチームですが、僕は我如古盛次のチームだったと思います」

「誰か、もう試合を止めてくれ」

大会後、門馬監督は一枚の写真を目にした。そこに映っていたのは、オレンジ一色に染まった一塁側の興南アルプスを背に、マウンド上に立ち尽くすエース一二三だった。門馬監督は「決勝戦では、ウチの選手が孤立していた」と語った。それほどまでに、あの試合の雰囲気は異様だった。

「あり得ない話ですけど〝もう試合を止めてほしいな〟と思っていました。やっぱり沖縄県勢の夏初優勝や、興南の春夏連覇が懸かっていたということもあって、本当に球場が異様な雰囲気でしたね。僕は興南や我喜屋さんの野球に対する熱、沖縄の野球の熱、思いといったものが、あの甲子園球場に全部集まってきちゃったみたいな印象を受けました」

一塁側アルプスに入りきれない〝興南推し〟の人々は、ライト側・レフト側の外野席だけでなく、内野席、バックネット裏、さらには東海大相模の三塁側アルプスをも侵食してしまいそうなほどの勢いで、巨大なスタンドを埋めた。この日の観衆、4万7000人のうち、おそらく4万人は興南の応援をしていたのではないだろうか。
興南が得点するたびに、4万人の大歓声が甲子園にこだまし、高音の指笛が一斉に鳴り響く。たしかに門馬監督の言う通り、異質な空間だった。

「甲子園って、それぞれの学校を応援するアルプススタンド以外は、どちらの味方でもない、高校野球が好きな人たちですよね。あの人たちがどちらに付くか。そして、いかに味方に付けるかが、甲子園を戦ううえでの重要なポイントでもあるんです。でも、あの時は最初からすべてが興南のファンだったような気がしますね。みんなオレンジ色を身に付けていましたから。あれから僕は、オレンジ色が苦手になっちゃいました（笑）。応援もそうですが、興南の選手にじわじわ攻め立てられて、選手たちもキツかったでしょうね。僕自身も、気持ちが押されっぱなしになっちゃいましたから」

オレンジの熱狂は、試合当日に限った話ではない。なんと、東海大相模の宿舎にも、前日から興南サポーターが大挙宿泊。同じエレベーターにも、オレンジのシャツを着た人たちがどんどんと乗り込んできた。門馬監督も〝沖縄の人たちがみんな大阪に来ているんじゃないだろうか〟と錯覚するぐらいの熱気が、すでに試合前日から漂っていたのだ。
試合中には、甲子園では極めて珍しいウエーブが発生した。そして、一塁側から回ってきたウエーブが東海大相模のアルプスをも巻き込み、場内を何周も駆け回ったのである。門馬監督が「相模のアルプスにいた人間も、戸惑いながら流れに呑まれてやっちゃった」と笑い話にしてしまうほどの珍現象だが、東海大相模の選手や門馬監督が、試合中に孤立を感じたとしてもなんら不思議ではない。

「でも、それだけたくさんの人が応援したくなるようなチームだった、ということなんでしょうね。僕が目指している〝応援したくなるチーム〟そのものだったのかもしれません。単に県勢初の夏優勝、春夏連覇だけではない何か違った魅力が、我喜屋さんが作り上げたチームの中にあった感じがしました」

東海大相模が日本一になった2015年夏の決勝戦は、対戦相手の仙台育英アルプスから発生したタオル回しが場内に広がった。〝甲子園の決勝戦に現れる魔物は、グラウンドの外にいる〟。グラウンドの中で起きていることがスタンドの人たちを巻き込み始めると、スタンドにいる人たちは魔物にもなり、時には女神にもなる。2010年の夏の経験は、5年後の頂上決戦で大いに活きたのである。

原貢、渡辺元智、我喜屋優……
「この人には勝てるわけがない」

甲子園が終わると、門馬監督は日米親善野球の日本代表チームにコーチとして帯同。我喜屋〝代表監督〟とともに、アメリカ遠征の旅に出た。約2週間に及んだ代表活動の最中、もっとも近い場所から我喜屋監督の言動をつぶさにチェックしていた門馬監督だが、あらためて痛感したのは「春夏連覇監督の芯の強さ」だった。

「まったくブレないんです。他校の生徒を前にしても、我喜屋さんはまったくブレない。〝この人には勝てるわけがない〟と思ったのが、正直なところです。一緒に練習をして、その時にいろんな話もさせてもらいましたが、我喜屋さんの立ち振る舞い、言葉、そして興南の島袋君をはじめとする選手たちの動き。そのすべてに違いを感じました。我喜屋さんといえば、まさに〝強さ〟ですよね。人としての強さ、物事の考え方の強さ、思いの強さ。ありとあらゆることが強くて、まったく隙がない。妥協もいっさいありません。何も変わらないという意味では、原の親父（故・原貢監督）と通ずるものを感じました」

渡米前に初めて全員が顔を合わせた合宿で、我喜屋監督は「練習前のアップは興南のやり方でいきます」と言って、メンバー全員に「興南アップ」を課した。当時の日本代表には、興南、東海大相模をはじめ夏の甲子園に出場した10校から選手が派遣されていた。もちろん、それぞれのチームごとにアップの方法は違うはずで、時間の掛け方も様々だ。各自のやり方を尊重してもおかしくない状況だが、我喜屋監督は「これが野球の動きにすべて通じているんだ。野球に繋がるアップをしないと意味がないでしょ」と言って、我如古や島袋らを手本に全員で「興南アップ」を行なうのだった。

食事中は食器の音を立てない。椅子の出し入れも音を立てない。朝の散歩から1分間スピーチまで、すべて普段の興南でやっていることを初日から他チームの選手にもやらせた。残暑の厳しい8月の末でも、我喜屋監督と興南の選手だけはシャツのボタンを一番上までしっかり留めて、長ズボンの中に〝シャツイン〟。しかも、それを迷わずにやってしまうのが我喜屋監督だ。また、選手たちもその意図をしっかり理解して従っている。そんな指導者と選手の一体感が興南の強さでもあった。

「場面、局面、どの人間に対しても、自分の考え方が変わらない。そこまでブレない人には、ほとんど会ったことがありません。〝俺はこんな人に挑んでいたのか〟と感じて、それはもう大ショックを受けました。

じつは同じようなことを、横浜（神奈川）の渡辺先生（元智・元監督）に対しても感じていたんですよ。渡辺先生と初めて戦った試合で、相模は0－2で負けました。先発は横浜が成瀬善久投手、相模は小林敦。後にプロ野球の千葉ロッテでプレーしたふたりの投げ合いで、最終スコアは0－2でしたが、自分の感覚としては0－10ぐらいの負けだったんですよね。試合中は僕もいろいろ動いていたはずなんですけど、まったく動きが取れなかった感覚なんです。相手側のベンチから『おう、何をやってくるんだ？』、『そうか。やってみな』、『まぁ、そうだろうな。じゃあ、こっちもそろそろ出していいか？』という声が聞こえるような気がして、完全に手玉に取られている感覚があったんです。本人に聞いたわけではありませんが、2010年の決勝戦では、我喜屋さんも僕のことを手玉に取っていたんじゃないかな。やっている時は夢中ですけど、僕はそれぐらいの衝撃を受けました」

「門馬ノート」は成長促進剤

日本代表の活動期間中は、常に我喜屋監督の傍でノートにペンを走らせていたという門馬監督。我喜屋監督の発する一言一句だけでなく、アップメニューや練習メニュー、行動についても気が付いたことがあれば逐一メモした。

「春夏連覇を達成した人と、2週間とはいえ一緒にいられるわけじゃないですか。こんなチャンスはありませんよね。この人と、二度と会えないかもしれない。その時間を逃したら、僕にとってはもの凄くマイナスだと思いました。得られるものはすべて得たかったたし、感じられるものはすべて感じたかった。ただそれだけなんです。かっこいい言葉で表現するのではなく、この人から何かを盗めないかなと思って。夜も『一杯やるぞ』と言われれば、喜んでお供しました」

そのメモは、自チームの選手に何かを伝えるためのものではなかった。「あくまで自分自身に向けたものであり、僕がより大きく成長するためのきっかけにしたかった」と門馬監督は言った。そのノートは、現在も貴重な指導バイブルのひとつとして大切に保管しているという。

コーチとして出場した親善試合では、我喜屋監督からオーダー編成や試合中のサイン発信も任された。この時、我喜屋監督は「大事なところだけ俺が出すから、あとはやってくれ」と声を掛け、静かに門馬監督の背中を押した。

「今思うと『大丈夫だ。俺が後ろにいるから』と言ってくれていたような気がしますね。

やっぱり人間って、後ろ盾があると強いなと思いました。こっちが倒れても『大丈夫だ。俺が支えてやる。大事な場面は俺に任せておけ。やってやるから』と言ってくれる存在がいるんですから。また、そう言えること自体が〝強さ〟じゃないですか。わずか2週間しか一緒にいない人間の後ろ盾になってくれたという強さですよ。これって、2馬力必要ですよね。自分のことだけではないので。後ろで守ってくれるという意味では、東海大相模時代の原の親父もそうでした」

前面に立っていたはずの人が、実際にはすっと後ろに回って支えてくれる。そういう部分に、門馬監督は故・原貢監督と我喜屋監督の共通点を感じ取っていた。まったくブレることがなく、どこの所属選手であろうが、まったくフラットに接する。そういう器の大きさも、どこか通ずるところがあったようだ。

決勝戦の完敗が「日本一への基準」を作った

興南に完敗した翌年の春、東海大相模は記録的な強打で甲子園を制した。20安打以上の試合が2試合あり、安打数、塁打数で大会新記録を樹立。準決勝の履正社戦では先発全員の21安打で、2本の満塁本塁打も放った。前年の興南をも凌ぐ、圧倒的強打で勝ち獲った2度目のセンバツ優勝だった。

「それだけ打ち勝つことができたのは、選手が頑張ったことが一番です。これは間違いありませんが、前の年の決勝を経験した選手たちが、何かを感じていたからでもあると思います。あの大敗で何かしらの基準ができて、その基準を超えないと日本一はない、という意識が芽生えていたのかもしれません。そういう部分も、本当は勝って身に付けることができれば言うことはないんでしょうけど、負けて覚える意味は大きいと思うんです。夏の決勝戦という最高の舞台で、手も足も出ないという、本当に一番悔しい負け方をしたわけですから」

甲子園の決勝戦前夜は、両チームの宿舎で前日取材の時間が設けられ、マスコミも大挙押しかけてくる。しかし、準優勝に終わった場合には、前日取材とは打って変わって取材者の数は目に見えて激減してしまう。そういう部分でも、選手たちは勝者と敗者の差を実感することになるのだ。

「そこも力になったと思いますが、興南に負けた後の選手たちは、野球の技術レベル以外の差をたくさん感じたはずです。試合前後の振る舞いや、スタンドの応援を呼び込む力……。高校野球って、真剣にやっていると、いろんなことを教えてくれるんですよ」

選手が監督になれるチームは負けない

門馬監督の率いる東海大相模は、この2011年春の後、2015年夏、2021年春と10年間のうちに3度の全国制覇を果たした。とくに夏を制した2015年には、我喜屋監督が語っていた「夏の最後の頃になると、誰に監督をやらせてもいいぐらい、選手たちは成長していた」という言葉を実感したという。

「2011年に優勝した時の選手は、本当にそこに到達しそうな感じがしましたが、まだ春なので本物にはなりきれていませんでした。ただ、2015年の夏に優勝した小笠原慎之介（中日）らの代は、その後優勝した国体の時に〝あぁ、このチームは良いな〟と思いましたね。この遠征には、メンバーではない子も入れて3年生だけで行ったんですけど、本当に言うことがありませんでした。それこそ我喜屋さんの言われるように、国体の時にはすべての意思疎通ができる状態で、完全にチームがうまく回りました。優勝したからそうなったのではなく、そういう代だったからこそ優勝できたんだと思います」

２０２２年８月、門馬監督は新天地での指導をスタートさせた。岡山県の創志学園は創部13年の歴史の浅い野球部だが、創部２年目の２０１１年に１期生のみでセンバツ初出場を果たした。奇しくも、その大会で優勝したのが、２０１０年の悔しさを力に変えた東海大相模だったというのも何かの縁か。春夏３度ずつの甲子園出場経験がある創志学園だが、高校野球界ではまだまだ駆け出しのチーム。ただ、もちろん狙うのは甲子園であり、岡山県勢初の夏の日本一だ。

「先日もウチの子たちに〝もうちょっと積極的に行こう〟ということを伝えたくて、我喜屋さんのことを例に挙げて話をしました。『キャッチャーの後ろには家族がいる。ストライクゾーンに来たボールをスルーすると、家族が大怪我しちゃうぞ。だから必死になって打ちに行け。簡単に見逃すことはできないんだ』と言ってね。そういう話を、つい数日前にしたばかりなんですよ」

２０１０年夏、自らペンを走らせてノートに書き込んだ「我喜屋優の教え」。東海大相模に有形無形の力をもたらした金言の数々は、岡山の地でも大きな効力を発揮するはずだ。

特別証言 4

島袋洋奨［興南コーチ］

超えられない恩師の存在
監督は高校野球を通じて
多くの人材を残した

カムバックを果たした琉球トルネード

2010年の春夏甲子園で優勝投手となった、173センチ、65キロの小さな大エース・島袋洋奨。甲子園には2年春から4季連続で出場し、上体を捻り全身を大きく使って140キロ台中盤のストレートを叩き込む「琉球トルネード」は、ファンの間ですっかりおなじみとなった。

残してきた数字を見れば、島袋がいかに高校野球史上に残る偉大な存在だったかが分かる。甲子園での通算勝利数は松坂大輔に並ぶ歴代5位の11勝（2敗）。115回2／3を投げて防御率は1・63。通算奪三振数は130個で、桑田真澄に次ぐ歴代2位にランクイン。2009年春の富山商戦で奪った19奪三振（延長10回）をはじめ、通算7度のふたケタ奪三振も記録している。

高校を卒業後は中央大に進み、1年春の東都リーグ開幕投手を務めるなどして、同シーズンの新人賞を受賞した。自己最速の150キロを記録した好調期もあったが、その後は絶頂を極めた高校時代とは真反対のキャリアを送ることになる。2年以降は故障やイップスなどに苦しみ、本来の実力を発揮するには至らず。思うような成績を挙げられずに苦しみながらも、最終学年時には主将としてチームを牽引した。

2014年のドラフトで福岡ソフトバンクから5位指名を受け、かねてからの夢だったプロ入りを果たす。途中、育成選手として再契約しながら2019年まで現役を続行。プロでの一軍成績は、1年目に2試合、通算2イニングの登板にとどまり、未勝利のままユニフォームを脱ぐこととなった。

引退後には「母校の野球部で指導がしたい」という希望から、2020年4月1日より興南高校職員となった。そして、学生野球資格回復者に認定された2021年2月から、グラウンドで後輩たちの指導を開始する。現在は事務職をこなしながら、保健体育科の教員免許取得に励んでいる最中だ。

コーチとなった島袋の担当は、主にピッチャー、バッテリーだ。自身が甲子園で得た経験やプロ時代に受けた技術指導などを、自らの言葉に置き換えて後輩たちにフィードバック。時には生活指導で雷を落としながら、駆け出しの指導者生活を送っている。

2021年シーズンは春、秋の沖縄で優勝し、2022年には4年ぶりの夏甲子園出場にも貢献するなど、リーダーへの階段を一歩ずつ上り始めた島袋に、あの大熱狂の日々を振り返ってもらった。

我喜屋監督のかける「集合」

島袋の興南入学は2008年。当時、就任2年目の我喜屋監督のもとで1年秋には早くも主戦として定着し、九州4強進出で2009年春のセンバツ出場を決めた。その2009年には夏にも甲子園出場を果たし、彼らが最上級生となった2009年秋には九州4強。そして翌年の甲子園春夏連覇と、まさに黄金時代を迎えた興南の中心でチームを引っ張った島袋。そんな大エースが、当時のチーム事情を説明する。

「僕たちの代は、やるべきことをそれぞれが充分に理解していました。まわりを見て、気づいて動く。野球でも、それ以外の部分でも、たとえぶつかり合いながらでも、自分たちでチームを良い方向へ持っていくことができました。監督が言うこともすべて理解できていたし、言われたことの意図を理解しながら行動していたチームでした」

我喜屋監督は、練習の中で「集合」を頻繁にかける監督だったという。

「監督はレベルの高いことを言うんですけど、そこはひとつひとつかみ砕いて教えてくれるので入りやすかったです。選手が分からないことも、まず一度やらせてみます。そして『集まれ』と言って集合をかけ『ここはこうだろ。あそこはこうだろ。分かったか？　OKか？』と確認して、次の段階に進めてくれるんです。分からないまま、できないままの人間がひとりもいないようにと、そこは徹底していました。もちろん、できている子からすると集められるたびに〝なんでよ！〟となるんですけど、できている人がまわりを見てあげて、もっとできる人を増やす、ということが僕らの代は自然とできていましたね。監督も、そういうチームを目指していたんだと思います」

我喜屋監督は〝当たり前のことが当たり前にできる人材育成〟に重きを置き、そこを理解させるための指導は、毎日のミーティングの中で行なっていたという。また、それは当時と現在とでまったく変わっていないと、島袋は言う。

「他のチームを見ていると、よく分かりますよね。とくに高校野球生活の最後にある国体は、甲子園ほどのピリピリした雰囲気はなく、どこか緩い空気が漂っているものなんです。僕らもそうしたいなという思いはあったんですけど、そこは監督がずっと選手たちを大人として指導してくれていたので、僕らの中にも〝興南の野球部はこうあるべきだ〟という意識が刷り込まれていたのでしょう。甲子園の時とまったく同じ雰囲気の中で過ごすことができました。たとえば、はしゃいでいる人間がいたら『やめておけ。そうじゃないだろう』と、選手同士で注意し合えるんですよね。高校生らしくないと言われるかもしれないですけど、大人同士の関係というか、変な弾け方をするようなところはなかったですね」

〝自分のことばかりを考えて、他人のことは気にもしない〟。それが現代っ子というものなのだろうか。２０１０年当時のように、まわりを見ながら「お前、こうじゃないだろ」と注意したり、声を掛け合ったりするようなシーンはほとんど見られなくなったという。したがって、我喜屋監督の「集合」は、あれから13年が経った現在の方が断然多いのだと島袋は言った。

「むしろ、監督は僕らの時よりさらに凄くなっている（厳しくなっている）感さえありますね。練習終わりの部室での着替えも『3分で上がってこい』と言っています。記憶は定かではありませんが、僕らの時は〝そんなに急かされていたかな？〟と思います」

「優勝」、「日本一」はいっさい口にしない

春夏連覇という史上6校目の偉業を、難なく達成したようにも感じる2010年の興南だが「甲子園の優勝」は意識の外にあったと島袋は言う。3年春のセンバツでも、まずは1勝。前年も春夏出場を果たしながら、いずれも初戦敗退を喫しているだけに、その思いが何よりも強かったのだ。

「監督がどう思っていたかは分かりませんが、春の初戦で勝った時も僕ら選手は『おぉ、勝ったぞ！』という純粋な喜びの方が強くて、その後も『おい、今度は智辯（和歌山）だぞ』、『次は帝京かよ！』といった具合に、内心は強いチームとばかり試合ができることに驚き、喜んでいた感じでした」

それでも試合に勝利したことの喜びはいっさい外には漏らさず、泰然自若の姿勢を最後まで貫き通した興南ナイン。我喜屋・興南のスタイルは、その後も崩れることはなかった。

「監督の『一喜一憂してはダメだ』という指導が染み渡っていましたね。夏の決勝が終わるまでそれは変わらなかったし、国体までそのスタンスが一糸も乱れることはなかったです」

多くの人が春夏連覇を期待した夏も、選手たちはまったく優勝を意識していなかったという。センバツ直後の沖縄県チャレンジマッチで敗れ、春季県王者の糸満に力があることも分かっている。夏の甲子園での優勝など、まったく別世界のことのように思えた。

「監督もいっさい『優勝』の二文字を口にすることはありませんでした。僕らとしても目の前の試合に一戦必勝。沖縄県の決勝もライバルの糸満だったので、その先のことなんて考えてもいませんでした。普段から監督は、選手の前で『優勝』や『日本一』という言葉を絶対に使いません。〝まずはそこじゃないでしょ〟という考えがあるからだと思います。毎日の積み重ね、人間的成長が第一だと思っているのでしょう。『沖縄で優勝』という言葉すら聞いたことがありません」

我喜屋監督の中には、確固たる優先順位がある。そして、それらは春のセンバツ優勝という一大事をもってしても、まったく揺らぐことはなかった。

興南の選手たちは、ステップアップした先でも困らない

以前、キャッチャーの山川大輔は「高卒で社会人野球に行っても、あまり苦労はしませんでした。すでに高校時代にやってきた練習ばかりだったので、大いに助かりました」と言っていたことがある。その点は、島袋もまったく同感だと言う。

「僕は大学やプロでもやってきましたけど、興南がやっている野球のレベルは高いなと感じていました。監督が『こういう意図があるから、ここへカバーリングに行きなさい』と言いますよね。最初はみんな〝!?〟なんです。カバーリングの動き方も、意味もまったく分かっていないので。シフトの動きも、高校生レベルのひとつ、ふたつ、みっつ上のレベルで動かしていると思います。僕らも見ていて難しいなと思う時がありますよ」

高校野球ではあまり見ることがない、我喜屋監督オリジナルのシフトやフォーメーションがある。一例を挙げてみよう。

ランナー一・三塁で、ファーストもしくはサードにファウルフライが飛んだ時、サード

かファーストが追えば、基本的にピッチャーはベース付近でカバーに備える。興南の場合は、サード後方のファウルフライはショートが追わない。サードが捕ると決めた時は、ショートはサードのベースカバーに入り、ピッチャーは捕球された地点と二塁ベースの間にカットに入る。なるべくピッチャーがプレーに携わらないようにしているのだ。カバーリングを含めた動きは、野手の方が上手い場合がほとんどだから、理に適っている。

また、我喜屋監督が掲げる好投手の条件として「バントをさせて、ひとつ先の塁でアウトが取れるピッチャー」というものがある。その点も、興南の投内連携では、常に先の塁でアウトを取りに行く練習を徹底している。一塁で確実にひとつのアウトカウントを稼ぐという発想は皆無と言っていい。先の塁が間に合わないから、一塁へ。この点は、我喜屋監督がキューバの野球で学んだ、先の塁を狙う走塁の意識と共通している部分だ。

島袋自身も「自分にとっては最大のパフォーマンスを見せる場」と言うほど、フィールディングを大の得意としており、相手のバントを処理する場合は、必ずと言っていいほど先の塁に迷いなく送球していた。

「僕も（山川）大輔と一緒だと思うんですよ。大学やプロでやる練習も、高校でやってきたことが多くて『あ、これね。ＯＫ』みたいな感じで、スッと入っていけたんです。練習で要求されるものに対して〝それが難しいことなんだ〟ということすら分かっていなかった感覚なんですよね。難度の高いプレーが、気づかないうちに当たり前のプレーになってしまっていたのだと思います」

春夏連覇は〝ギリギリ〟の14奪三振でスタート

2009年は春夏ともに初戦敗退。その頃から「興南は打てない」、「孤立無援の島袋」といった風評が、ファンや関係者の間で公然と広まっていった。しかし、2010年シーズンの蓋を開けてみれば、興南の選手たちは「打てない打線」どころか、記録的な強打で甲子園を呑み込んでいくのだった。

「僕としては〝味方が点を取ってくれない〟という感覚はなかったので、センバツの時に〝打線が点を取るようになったな〟とも思いませんでした。あまり攻撃のことは考えていなかったです。あくまで自分のことだけ、という感じでした。〝ウチの打線、スゲーな〟と思い始めたのは、夏の準決勝の報徳戦です。もう本当に『サンキュー！』という感じで（笑）。自分たちの攻撃に、あまり気持ちが行っていなかったというのが正直なところです。結果的にはあれだけ打っていますけど、あまり考えていなかったですね」

一方、春の初戦では10安打を浴びながらも無四球で1失点完投、14三振を奪って順調なスタートを切った島袋。しかし、試合前の時点では甲子園で勝った経験のない状態だったため、この時のプレッシャーが一番大きかったかもしれないと振り返っている。

「結果的には勝ちましたけど、僕としてはギリギリのところで抑えている感覚もありました。関西との初戦は、立ち上がりで3つの三振を奪っているんですが、19個の三振を取りながら勝てなかった前の年の試合も、3三振で初回を立ち上がっているんです。だから、その時は〝前回と同じスタートだな〟とは思いましたね」

高校時代の最速は147キロ。ストレートの強弱は意識していたが、ランナーの有無によるフォームの強弱はあまり考えていなかったという。それぐらい、自分のボールに自信を持っていたということだろう。

また、130キロ台のストレートでもストライクが取れていたので、積極的にカウントを取りに行きながら、早めに追い込んで勝負ができた。そして、打たれた時に初めて慌てるというタイプ。それが本人によるピッチャー島袋の自己分析結果だ。

なお、島袋自身が挙げた「甲子園ベストピッチ」は、2010年春夏の試合ではなく、

2年春の富山商戦だ。10回を投げての19奪三振。2失点で敗戦という結果以外は、本当に内容のあるピッチングだったという。

勝負所は三振で決めに行く！

一方、甲子園で投げた13試合の中で、もっとも〝ヤバかった〟というのが、やはり2010年夏の準決勝の報徳戦である。

試合序盤からストレートを狙われ、2回までに被安打5、3四死球で5失点。中盤に目覚めた打線が7回に逆転し、そのまま試合にも勝ったが、島袋にとってはまさに薄氷を踏むかのようなマウンドとなった。

「試合にはいつもと変わらない状態で入っていけました。狙われていた真っすぐも、決して調子自体が悪かったわけではないんです。たしか、あの試合でも145キロぐらいまでは出ていたはずなので。だから、投げながら〝あぁ、今日はよく打たれるな。どうしてなんだろう？〟と自分でも不思議なぐらいでした」

この試合で3安打を許した1番の八代和真は、事前の映像チェックで〝絶対に塁に出したくないバッター〟と警戒していた相手。しかし、いきなりセンター前に持っていかれたうえに、報徳打線がさらに畳みかけてきた。〝やっぱり対策されている〟と感じながらのマウンドだった。

一方、甲子園での我喜屋監督は、ベンチ内での指示もほとんどなく、試合中に声を荒げることもない。この準決勝もそうだった。

「大会を通じて、褒められることもありませんでしたが『OK、OK』という声はよく掛けていただきました。劣勢になった時は『大丈夫だから』とか『ここから行くしかないから。大丈夫、大丈夫！』と、僕らを勇気づける言葉が多かったです。逆に、沖縄大会ではめちゃくちゃ怒られましたけどね（笑）。甲子園まで行くと『やることは全部、沖縄でやってきたから。ここからはもう、いつも通りやればいい』という言い方が多かったと思います。細かい指示というより、自分たちの実力を出してこい、という雰囲気で指揮を執られていました。報徳戦の途中でも『興南の野球をやれば大丈夫だから』と言って、僕たちを励ましてくれました。監督が普段通りの監督だったので、そこも選手たちが落ち着きを取り戻した大きなポイントだったと思います」

立ち上がりから失点を重ねた報徳戦で「まだまだ序盤だから」と懸命にナインを鼓舞したのは、主将の我如古だった。一方、その傍らで〝やっちまったな〟と苦虫を噛み潰していたのが島袋である。ただ、そんなエースの姿を見逃す我如古ではない。「真っすぐを待っている相手に、真っすぐはないだろう」のひと言で、島袋は変化球中心の組み立てにスイッチして蘇る。〝さすがにこれ以上は取られないだろう〟という開き直りもあって、3回以降は5安打0点に抑えるのだった。

変化球が中心とは言っても、島袋はこだわりを捨てたわけではない。島袋一番のこだわりとは、もちろん代名詞の奪三振である。

「試合を終わらせる時は、すべて三振を狙っていました。最後の場面に限らず、チームに流れを持ってきたい時には、ピッチャーは三振を取りに行くべきだと思うんです。それは監督から言われていたわけではなく、あくまで自分の中にあるピッチャーとしての感性の部分ですね。報徳戦も最後は狙っていました」

報徳戦の9回は、山川の送球エラーもあり一死三塁と一打同点のピンチを背負ったが、ここで島袋が渾身の力で抑え込みにかかる。この試合の先制打を含む2安打4打点と苦しめられた3番・中島を、まずは144キロのストレートで空振り三振。続く4番・越井も、

140キロ台中盤のストレートで追い込み、最後はストレートを振らせての連続三振で試合を終わらせた島袋。また、翌日の優勝した東海大相模戦も、最後は代打の宮崎大将をストレートで空振り三振に仕留めている。

投手コーチとしての指針は「腕を振れ、準備を怠るな」

現在の島袋は、主にピッチング、バッテリー担当のコーチとして母校野球部の指導にあたっている。心がけているのは〝各自の感覚を崩さないこと〟。島袋自身も自分の感覚を大事にしながらピッチングスタイルを作り上げていくタイプだったため、感覚を崩すことに繋がりかねない無理強いはしないようにしている。

「立ち方とか、フィニッシュの形とか、意識の中で『もう少しこうやってみたら？』という言い方はします。ただ、ピッチャーが大事にしなければいけないポイントはふたつあると思っていて、ひとつは腕の振り。目一杯、腕を振れるピッチャーでないと、なかなか厳しいものがあります。プロ時代にバッターからも『腕がしっかり振れるピッチャーが一番嫌』という話を聞いていたので。変化球を投げる時でも、極端に言えば『曲がらなくてもいい。真っすぐとわずかな違いがあれば、それは変化球なんだから、とにかく腕を振りなさい』という教えをしています。もうひとつは、自信ですね。いろいろ準備を尽くし、仕込みきった状態でマウンドに上がることができなければ、結果は伴なってきませんから」

この教えは、福岡ソフトバンク時代にファームで指導を受けた佐久本昌広コーチから吸収したものだ。島袋が「サクさん」と慕う同郷の先輩は、ファーム暮らしの長かった島袋にとっては大恩人のひとり。現役時代に3球団を渡り歩いた苦労人でもある佐久本コーチとは、一緒にキャッチボールをしながら現役時代の話や変化球の握り、投球フォームなど、様々なアドバイスを授かった。また、ファームではアメリカでプレー経験のある入来祐作コーチからも手ほどきを受け、再浮上を期した島袋を懸命に支えてもらったという。

また、フォームのバランスが悪化した際には、ダルビッシュ有（当時日本ハム・現パドレス）や田中将大らを育てた佐藤義則コーチから「プレートは平行にして投げなさい」といった技術指導も受けている。こうしたNPB5年間の経験をフィードバックしながらの指導も、大きな強みになっている。

しかし、コーチは選手の叱り役でもある。高校時代はマウンド上での圧倒的なパフォーマンスの反面、普段は穏やかで温厚な一面を持っていた島袋が、選手たちを叱りつけることはあるのだろうか？

「怒りますよ、めちゃくちゃ。練習中でも普通に怒りますけど、やはり生活面に関することは容赦しないですね。たとえば、部室の掃除です。わざわざ監督がグラウンドまで降りてきて、丁寧に指示を出しながら話していたのに、20人ぐらいが固まってペチャクチャ喋っていたんです。つい頭にきて『お前ら、何をやっているんだよ！』と怒鳴り散らしました。監督が伝えたいことは、僕らも共有しなければいけません。監督がいない時は、僕らが監督のコピーとして伝える必要があるわけですから。そこは、監督の意をしっかり汲めるコーチでなければいけないと思います」

いつか、バトンを継承する日まで

監督と選手の関係性から10年以上の月日が流れ、監督とコーチの間柄となった現在。指導者として接する我喜屋監督に対して、あらためて感じるのは「やはり監督には、いっさいのブレがない」ということだった。

「僕が入学してすでに15年以上が経っているというのに『ゴミ拾いはカバーリングだ』、

『五感を研ぎ澄ませ』と、言っていることが何ひとつ変わらないんです」

また、島袋が〝これはとても真似できない〟と唸る、我喜屋監督の特殊能力がある。

「監督が口を開くだけで、全員がバシッとひとつの方向を向くんですよね。僕が何かを言っても、あっちに行ったり、こっちに行ったり、方向がバラバラになってしまうんですが、監督が何かを言えばみんなが瞬時にまとまってしまう。人に話を聞かせる力は、本当に凄いと思います」

2022年夏の沖縄大会でも、我喜屋監督の「眼力」を思い知らされる出来事があったという。「朝の練習で振れているから」という理由で、それまでまったく試合で起用していなかった選手を準決勝で抜擢したところ、ライトフェンス直撃のタイムリーを放って決勝進出に貢献。そのまま決勝でも起用し、再びライトにフェンス直撃打を放ち優勝の立役者となった。「さすがに春夏の甲子園を制した我喜屋監督の勝負勘は、尋常ではない」と島袋は言った。

「我喜屋監督は、僕にとっては超えられない存在です。『超えたい』とも、今はまったく考えていません。本当に考えたことはないですね（笑）。僕も、いずれはやっぱり監督をやってみたい、という気持ちはあります。ただ、監督と一緒で〝全国制覇〟という意識はまったく持たないでしょうね。もちろん、やることはしっかりやるし、目の前にチャンスが来た時には全力で摑みに行きます。ただ、最初から遠いところは見ないと思います。まわりは期待してくださると思うんですけど、監督のように、そういうプレッシャーを無視できるようになっていきたいです。〝日本一〟ではなく、まず部室に置いてあるバケツの位置が動いているだとか、そういう目の前に起こる小さな出来事に対する指導を、いかに積み重ねていけるかだと思います」

最後に、恩師・我喜屋監督が高校野球を通じて世に残したものがあるとすれば、それはいったい何だと思うか。

「やっぱり、人材ではないでしょうか。それを、多くの卒業生が示してくれていると思います。監督が沖縄に来て、いろいろな職業に就き、第一線で活躍されている教え子がたくさんいます。僕のチームメイトも、みんな誇れる存在です。メンバーに入っていなかった人でも、今は起業して偉くなっていたりして。〝凄いなぁ〟と思って見ています。彼らはいつも『〝洋奨なんかに負けない〟という気持ちを、高校時代から忘れてはいない』と言っています。高校を卒業して何年経っても、仲間同士でそういう切磋琢磨をしながら良い付き合いをしていける。そういう人間関係を作っていけたのも、監督がいたからこそだと断言できます」

第四章

地域全体で野球を通した子育てを
危惧すべき
「高校野球からの逸脱」

巨大なうねりの中で

興南の春夏連覇から、13年もの時間が経過した。その間、高校野球界を取り巻く環境や、甲子園を中心とした全国の勢力図が大きく変わりつつあると感じる。

冒頭でも述べたように、甲子園では近畿や関東の強豪以外が勝ちにくい状況が生まれ、トーナメントも荒れが少ない実力通りの決着がほとんどだ。各都道府県の有力選手が集中する都市部の学校と、選手を失う側の地方との実力格差がどんどん広がっているのは、2011年以降の結果を見れば一目瞭然だ。

沖縄県の高校野球関係者によると、2018年には約70人もの中学生が県外に流出。2016年からの3年間では約200人もの中学生が海を渡り、もっとも多い時で年間100人近くに達した年もあったという。とくに興南が達成した偉業を機に、その傾向はいよいよ本格化した感すらある。

また、社会情勢の変化に伴い、学校と家庭、保護者と野球部との関係性を含めた、高校野球の形態そのものも大きく変わってきているのも確かだ。

こうした高校野球界の環境に身を置きながら、百戦錬磨の我喜屋監督は何を思うのか。

そして、本当に我喜屋監督と興南のセンセーショナルな強さが、その流れを加速させてしまったのか。

我喜屋監督が理想とする高校野球の形を探りつつ、現在の高校野球界の姿、問題点、将来的な展望を考えてみたい。

生徒募集はルール厳守を

チームを編成するうえで、我喜屋監督が掲げている方針が「地産地消」である。地産地消とは、地元で生産された農産物などを地元で消費するという意味の言葉で、食料の自給率向上を意味するキャッチフレーズのようなものだ。

「地元の素材を地元で調理して、表に出す。つまり、地元の選手を地元で育てる。それが僕本来のやり方なんだ。ところが、何回か甲子園に行っているうちに〝おや、沖縄出身の子があっちにもこっちにもいるな〟と気づくようになったわけさ。彼らの人生だから、こっちは無理に引き取ることもできないし、相手の学校の経営方針もある。それは理解できるけど、あまりにエスカレートしてしまうと、応援する側に〝おらが町〟という郷土意識が薄くなっていくのは当然のこと。ファンの人たちの間で『あの学校が出るの。あぁ、そうなの』という程度の関心になってきているのは、肌で感じるよね」

つまり、我喜屋監督の理想は、沖縄県出身者による「オール沖縄」のチームだ。逆に、甲子園で優勝して以降、興南には九州本土からも選手が入ってくるようになった。大阪から来た選手もいる。だからと言って、全国的なスーパースター選手が来ていたわけではない。中には〝メンバー入りできないのなら、もういいや！〟と投げやりになった選手もいたという。

「僕が初めて夏の甲子園に行った2007年のピッチャー・石川清太のように、自身は県外出身であっても親が沖縄出身であれば、オジーもオバーも沖縄にいるわけさ。そういう子は、まわりも〝うちなーんちゅ〟と思って応援してくれるの。もちろん『来たい』と言う子は受け入れるよ。ただ、野球ができても、興南の場合は入試で脱落してしまう子も少なくないんだ。沖縄の子であってもそれは一緒。平均的に3以上か3・1以上ないと、大学には行けないんだから。興南で終わるというならいいのかもしれないけど、次の進路のことも考えないとダメだよね。『興南で甲子園に行きたい』という安易な考えだけで来ている子は、たとえ入っても勉強しようとしないから、結果的には付いていけなくなっちゃう」

しかし「春夏連覇の前と後とでは、県外に出ていく中学生の数が目に見えて増えた」と我喜屋監督は言う。興南に入りたいという中学生と、県外に出て挑戦したいという中学生の数を比較すれば、後者の数が圧倒的に多くなったと言うのだ。こういった現象について、我喜屋監督の解釈は次の通りだ。

「それはそれでいいと思うし、もちろん県出身の子供なら、どこへ行っても応援するんだけど『ルールだけはみんな守ろうよ』と言いたいね。こちらは中学校とのルールを守って生徒募集をしているのに、お構いなしでどんどん声を掛けていく人たちがいるんだもん。中学の大会にもたくさんの人が見に来ているよ。試合が終わったら、ブローカーみたいな人が選手に声を掛けて帰っているのを、僕は知っているから。『俺に任せてもらえれば、良い高校に行けるし、大学まで保証する』と言っている人までいるしね。そういう人は『俺はどこどこから来ている』、『●●高校の関係者だ』とか言っては肩で風を切っているのさ。また、沖縄の人間はそういう言葉に、すぐメロメロになってしまうんだよね。我々のような現場の人間と違って、保護者はあまりルールを知らないから。そこを改善できないかぎりは、沖縄のチームは苦しい状況が続いていくと思う」

タレント軍団には正攻法で勝負すべし

もちろん、手をこまねいて現状を見過ごすわけにもいかない。我喜屋監督の中には、甲子園で関東や近畿の強豪に勝つことが、人材流出阻止への布石になるという思いがある。生徒募集で後れを取るなら、興南は興南らしく、違った方法で対抗していけばいい。悲観している場合ではない、と我喜屋監督は言う。

「正攻法で強くしていくしかないんだよね。そう、育てるしかないの。ようは人間教育をしっかりやって、強化していくしかない。興南で僕がやってきた人間教育だと、生徒が野球部を辞めることがないんだ。だから、いつも1年生大会は他のチームに負けてしまうけど、ひと冬を越せばウチはガラリと強くなっているでしょ。どんなに立ち遅れても、だいたい夏には間に合う。そういうやり方をこの10年間はやってきたし、それでも子供たちは甲子園にも行ってくれるわけさ」

しつけの勝負になれば、興南は負けない。少なくとも、我喜屋監督にはそうした自負もある。その第一歩目が、監督に就任して以来、一貫して取り組んできたゴミ拾いだ。ゴミ拾いをさせている理由は「自分の中にある欠点を見つけるため」でもある。人は誰しも、直さなければいけない部分を持っている。したがって、ゴミを拾えない人間が、自分の欠点に気づくことは絶対にないと、我喜屋監督は断言するのだ。

「素直じゃないから、そういう人間は。〝俺には欠点なんてない〟ぐらいに思っているんだ。素直な人間、気づきができる人間、そして取り組む（実践できる）人間。また『どうですか？』と人に聞く力を持った人間。そういう人間が揃ったチームになることをみんなで心がけていけば、たとえ甲子園には行けなくても、世の中の成功者を育てられると思っているんだ。野球の力がなかったとしても、地元から愛される人間になっていくはずなの。台風の後片付けとか、毎日の地域のゴミ拾いだとか、地域に愛されるようなチームになることに、もう一度立ち戻ってみてはどうかと思うよね。昔から高校野球が愛されてきた理由は、そういうところにあったはずなんだから。

沖縄にはどこのチームが甲子園に出場しても、みんなで応援する文化が残っているわけさ。オリオンビールの〝アリ乾杯！〟じゃないけど、もともとはどこの地域にも高校野球に託す夢があったはずなんだよ。ところが、最近は優勝候補も大会前から決まっているような状況で、昔みたいな番狂わせがなかなか起きなくなってきているよね。だから、強引な選手勧誘じゃダメなわけよ。高校野球が本来優先すべきことに取り組めば、地域の人から応援してくれる高校野球、どこの学校にもチャンスが生まれる高校野球にまた近づいていけるはずなんだよね」

だからと言って、負けていいと言っているわけではない。勝負に勝つために、毎日厳しい練習に取り組んでいる。しかし、いざ戦いに敗れたとしても、試合に勝った相手、野球で花咲く選手、甲子園に出場したと言っている人々に、人生というロングスパンの勝負で勝てばいい。夏の挑戦が終わった日に、我喜屋監督が必ず口にする「野球のスコアボードは今日で終わるけど、人生のスコアボードはまだまだ終わらないよ」という指導が、ここで活きてくるのだ。

我喜屋監督には、人間力でタレント軍団に勝ってきた経験がある。２０１０年の春夏が、まさにそれではないか。

変わりゆく大人たちは時代を映す鏡!?

我喜屋監督は、野球に携わる指導者や保護者ら、大人たちの変化も指摘する。良い方向に変化すれば、何も言うことはない。しかし、現状は首を傾げたくなることの方が多いと言うのである。

「野球は技術的なことも大事なんだけど、剣道や柔道の〝道〟のように〝野球道〟というものがあったわけ。子供たちに『夢は？』と聞けば、多くの子が『プロ野球選手です』と言うよね。それは夢だから否定はしないけど、そこに大人が熟考することなく同調して、手っ取り早く有名な大学に入れたり、プロに何人出したとか言ったりするのはどうかと思う。それ以前に『心を作ってよ』と言いたいけど、そんなのはどうでもいいと思っている監督が増えてきたと感じるよね。昔のジャイアンツみたいに『紳士たれ』ではないけど、そういう部分は忘れてはいけないことだと思うよ」

サッカーのワールドカップも、野球のＷＢＣも、一次リーグの段階からマスコミが朝から晩まで騒ぎ立て「優勝したのか⁉」というぐらいに日本中がフィーバーする。しかし、そういう喧噪にも「大丈夫か、おい」と突っ込みを入れずにはいられないのが我喜屋優という人物だ。

「野球でいえば、そんなに浮かれていると次のサインを見落とすぞ、という状況でしょ。

勝った瞬間はいいけど、少なくとも監督ならその1秒後には明日のことを考えているものなんだよ。いろいろとまわりが騒いでも『まぁまぁ』となだめるような態度を取れば、青少年はそういう部分を見習うから。なのに、大人も子供も一緒になってワーワー騒ぐから、ちょっと危ないな、と思ってしまうわけ。そして、負けたら負けたでパッタリ静かになるでしょ。それもどうかと思うよね」

我喜屋監督は2010年7月から学校法人興南学園の理事長職にあり、翌年4月からは興南中学・高等学校の校長も兼務している。まさに教育現場のど真ん中に身を置くことで、感じ取る部分も少なくない。近年、指導者や学校の先生がとっても臆病になっている点にも、我喜屋監督は警鐘を鳴らしている。

「現代の親御さんは、権利論やいろんなことを押し立てて、クレームを言ってくるケースが多くなったよね。僕のように年齢やキャリアがあっても、はっきりと『お前が悪いんだ』と言っていられない時代だから。野球界でもまわりの監督さんたちが、そうとう気をつかっているのが分かるよ」

昔は「仕事があるから」と我が子を放任していた親が多かった時代と違い、最近はバックネット裏に陣取って、我が子の一部始終だけを見守っている親が増えてきた。そして「起きなさい」、「食べなさい」など〝なさい、なさい〟の言葉に守られている子供たちがいる。その反面、気づいたら〝何もできない僕〟になってしまっている高校生が増えてきたと我喜屋監督は嘆くのである。

通学の距離が長ければ長いほど、感性は磨かれる

現代は車社会だ。とくに地方に行けば行くほど、車は生活に欠かすことができない必需品である。そして、学校や部活動の送迎も親が車で行なうのが当たり前。沖縄県内最大の那覇市にある興南高校とて、それは例外ではない。

我喜屋監督には「通学距離が長ければ長いほど、子供は感性が磨かれて成長する」という持論がある。

我喜屋監督が生まれたのは、沖縄本島南部に位置する島尻郡玉城村で、30世帯ほどの小さな集落だった。学校へは歩いて片道4キロの道のり。行きは国道を歩き、学校が終わると奥武島の海岸線か、米軍施設のある山道を歩いて帰った。バスを使うことはなかったという。

「下校途中に木登りをして遊んだり、ターザンごっこをしたり、海に行って砂浜でかけっこもしたね。あらかじめ隠しておいたマッチを持ってきて、魚を焼いて食べたこともあるよ。僕の後ろには、いつも4、5人ほどが付いて来るんだ。途中にいじめっ子がいるので、僕のことを用心棒代わりにしているわけ。だから、決してひとりでは遊ばなかったよね。学校まで1キロを歩く子と4キロを歩く子とでは、経験値が違うんだ。学校の登下校中には、いろんな情報が詰まっているし、アクシデントもある。だから距離の長さによって、経験できることの量が違ってくるわけさ。親も畑仕事でなかなか帰ってこないし、本当に腹が減ってどうしようもない時には、野菜畑からキャベツを〝いただいて〟きては、塩水で茹でて食べるんだ。案外、食べ物に関する知恵はあったよ。昔は魚がいくらでも釣れたしね」

長い距離を歩けば、常に変化の中に身を置くわけだから、新しい発見も多い。自分の足で道中の交通マナーも理解するし、危険を察知する能力も身に付いていくだろう。犬に吠えられることもあるだろうし、オジーやオバーとお喋りすることもあるはずだ。しかし、現代っ子にはそういう経験が乏しい。

「車通学だと『ほら、着いたよ』と言われるまで、助手席で寝ているだけでいいからね。ところが、内地の子供たちは家を出て電車に乗る。そして綺麗な声の車内アナウンスを聞くし、人にもたくさん会う。駅に着いたら、階段を下りる。歩くことによって、目に飛び込んでくる、耳に入ってくる情報がたくさんあるわけ。美味しい食べ物屋さんの前では嗅覚も働くよね。だから、内地の子と沖縄で車通学している子を比べたら、ビックリするほど感性に開きがあると思うよ」

我喜屋監督が朝の散歩を利用して、選手たちの五感を常に刺激する理由は、そんなところにもあるようだ。

投・攻・守のすべてをAに

一方で、近年の高校野球は「機動力を売りにしている」、「鉄壁の守備が自慢」、「打撃で相手を圧倒する」など、秀でた一芸を前面に押し立ててくるチームが多い。我喜屋監督は、そのことについても疑問を抱いている。チーム作りにおいて我喜屋監督が重視しているのは、打力、機動力、守備力、投手力のすべてだからだ。

「それらすべてを鍛えるというよりは、モノになっていないと。オールAになっていないと戦えないんだ。『ピッチャーはAだけど、バッティングはC』というのでは勝てっこないから。『興南はバッティングが良いですね』なんて言われると、気になっちゃうんだ。『打のチームですね』と言われても〝いやいや、守備もピッチャーもしっかりしていますから〟と思うし『どこを見ているんですか？』と言いたくなるよね」

春夏連覇をした2010年の甲子園の成績を振り返ってみると、春はチーム打率・332で、得点は5試合で36（1試合平均7・2）点。犠打は15で1試合平均3個、盗塁もふたケタの11を記録している。一方で、チーム防御率は1・13と圧倒的で、失策数も5試合で6（1試合平均1・2）個と、すべての面において優秀な数字を残している。

夏は6試合で50（1試合平均8・3）点、チーム打率・399、犠打20、盗塁11、失策4（1試合平均0・6）個、チーム防御率1・83と、攻守とも春以上に高次元でバランスが取れていた。

一芸チームの限界は、せいぜい甲子園ベスト4がいいところだと、我喜屋監督は考える。何かに特化するのではなく、満遍なくトップレベルまで作り上げなければ、頂点に立つことはできない。

また、練習に向かう姿勢にも、考えを改めるべき点が多いと我喜屋監督は言う。「甲子園に行きたい」、「プロ野球選手になりたい」と言いながら、自分を厳しく追い込んできた経験が乏しいため、言っていることと、やっていることが一致しない子供たちが増えてきた。そのあたりの意識改革を、我喜屋監督は高校生たちに求めている。

「打力が弱い選手は、弱いなりのスイングしかしていないんだよ。マラソンだって遅いなりの走りしかしていない子が、速く走れるわけがないじゃない。たとえば駅伝の場合、ゴール後に倒れる人は、限界を超えて走っているから倒れるわけさ。野球のトレーニングもそうだよ。本当に競争心のある選手は、ヘドを吐くぐらいまで自分を追い込んでいるよね。先にゴールした選手は、目いっぱい自分を追い込んでいるから、後ろから来る人間よりも先に次のステップへと進むわけよ。そういう競争意識がない選手がいたら『お前ら、もう帰っていい』と言うし、絶対に次の段階へは進ませないから」

人間とは、生ぬるさに甘んじる生き物である。実際には惰性で流される人がほとんどだから、100人のチームにひとりでもそういう選手がいれば、生ぬるさは瞬く間に全体へと広がっていくだろう。その危うさを知り尽くしているからこそ、我喜屋監督はいっさい手綱を緩めようとはしないのだ。

野球馬鹿を作らないのが指導者の役目

我喜屋監督の高校野球に対する思いの底には、地域への報恩感謝とともに「地域を巻き込んだ青少年の育成」という、高校野球が長年に渡って培ってきたアイデンティティが存在している。高校野球界がより良いものに成長していくためには、その原点を疎かにしてはならないと強く訴える理由はそこにある。

「これは高校野球にかぎった話ではないけど〝野球は学校経営のツールのひとつ〟という思いを優先してしまうと、より逸脱した選手の取り合いにも繋がっていくだろうね。学校は、地域を代表する存在であってほしい。地域からも『この学校のためなら応援する』と言ってもらえる存在であるべきだし、地域全体で野球を通した子供たちへの教育、応援を行ないながら、子供たちに注目してあげることが大切なんだ。甲子園には各県代表として乗り込むわけだから、そこにいろんなものが混ざりすぎてしまうと、高校野球の特質が損なわれて人気がなくなってしまうよ」

今までやってきたことを、大事に守り通すことも必要だと我喜屋監督は言う。時代の変化に合わせてルールやスタイルを変えすぎてしまうと、高校野球が多くの人から愛され続けてきた要因の一端をも失いかねないと考えているのだ。

「高校野球の良さは〝地元代表〟の学校にあり〝純粋さ〟や〝初々しさ〟にあると思うんだ。地元の学校がテレビに映し出されるだけで、地元の人たちが感激するという初々しさが、高校野球の良さだったわけでしょ。最近はそこが失せていっている傾向にあるよね。もう少しアマチュアらしく、純粋であってほしい。今はプロ野球選手でも茶髪に染めたりしている選手が多いけど、高校生は変な色には染まらずに、純粋な野球をやってほしい。その子たちが大きくなった時に『やっぱり高校球児はいいな。ウチの会社にください』と言われるようにならないと。興南がやっていることを、みんなで広げてほしいなと思うよね。何度も言うけど、あまりに勝利を最優先で考えてしまうと、良い選手の取り合いになるだけではなくて『勉強はしなくてもいいから、野球をしっかりやれ』みたいなことになってしまうんだよ。我々、野球界にいる大人は、野球馬鹿を作ってはいけない。そのことを忘れちゃダメなんだ」

特別証言 5

香田誉士史［西部ガス監督（元・駒大苫小牧監督）］

日本の両端を野球界の中心にした男 我喜屋さんの存在がターニングポイントになった

２０１０年興南と通ずる快進撃

再び香田監督の登場である。

後に「２・９連覇」の離れ業をやってのける香田監督にとっての甲子園初采配は、２００１年夏。就任5年目にして摑んだ大舞台は、この大会で4強入りした松山商（愛媛）に６－７で敗れて初戦敗退に終わっている。たしかに自分たちのステージは一段階上がったが、打ち砕かれて帰ってきたという思いの方が強かった。

4年後の夏、駒大苫小牧は現在も破られていない大会記録のチーム打率・４４８と打ちまくり、北海道勢として初となる甲子園優勝を達成する。初戦で佐世保実（長崎）を７－３で下すと、３回戦では日大三を７－６という大接戦の末に撃破。準々決勝では横浜に６－１で完勝し、準決勝では東海大甲府（山梨）を10－８で退ける。そして史上初の両校ふたケタ得点という激しい打ち合いとなった決勝戦は、済美（愛媛）を13－10で破って優勝。日大三や横浜、さらには春夏連覇を狙った済美と、甲子園で優勝経験のあるビッグネームを立て続けに破っての快進撃は、２０１０年春夏の興南と通ずるものがあった。

駒大苫小牧が強さを身に付けていった背景には、外部コーチとして参画した我喜屋監督の存在があったことはすでに述べた。そして「我喜屋さんと接するうちに、チームの中の〝基準〟が自然と引き上げられていた」と、香田監督は証言する。夏の甲子園を戦っていく中で、他チームを見る目が明らかに以前とは変わってきたと言うのだ。

コンプレックスの払拭に成功した夏

「初めて甲子園に出た頃は、甲子園練習を見ながら〝うわぁー、みんなデケえし、ピッチャーもみんな速えぞ。本当に凄えな〟と思っていましたけど、甲子園で勝つようになった頃には、錚々たるチームの甲子園練習を見ても〝大丈夫。ウチの方が上だ〟と感じるようになっていました。たしかに、みんな体がゴツイし、バッカバッカ打つ。ピッチャーのボールも速いし、ミットを叩く音も凄い。それはもう、練習中の静かな甲子園には、気持ち良いぐらいに響いていましたね。でも、他校の練習を見ているウチの選手たちが『意識が低くね？』と囁き合っているわけですよ。ノックやシート打撃をじっくり見ていると、守備の意識だったりカバーリングであったり、バッターランナーの走塁であったり。とにかく、ウチが勝っていると思えることだらけでした。詰めの甘さが見えてくるんです」

香田監督の中には、こだわり抜いてきたカットプレーの精度なら、どこにも負けないという自負があった。それは選手たちも同じである。他校の練習を見ていた駒大苫小牧ナインの口から「大したことはないぞ」、「意識が低いな」といった声が飛び交うようになった時、チーム全員が抱いていた〝ウチの野球は、レベルが高いことをやっているんだ〟という自信は、揺るぎのない確信へと変わったのだった。

「全国的にも有名な強豪校に対する劣等感が、払拭できていたわけです。そして、それが北海道の子たちにもっとも必要なことでもありました。いわゆる弱いチームが陥りがちなのが〝名前負け〟、〝ユニフォーム負け〟。それがなくなっていたんですよ。よそのチームを見て〝思ったほどじゃないね〟と、みんなが思えたことで、チームの団結力や結束力が高まり、それが大きな強みになったことは間違いありません。北海道の冬を克服し、言い訳ができなくなるぐらいまで、とことん練習する。我喜屋さんが前々から言っていたことを究極に取り組んできた結果、どんな相手を前にしても下から見上げることがなくなったんです」

「●●高校？　全然、大したことねえだろ」といった強気の言葉は、香田監督自身も意図的に選手たちの前で発した。当時は依然として、北海道のチームとの対戦を引き当てたチーム関係者から〝よしっ！〟という声が聞こえてくる時代だったと香田監督は言う。甲子園で1勝を挙げるだけで、役員から「よく頑張ったな、北海道！」と称賛の拍手が送られたこともあった。

「初めて勝った時から〝クソッ！〟と思っていましたよ。たった1勝しただけですごく褒められるので、どこか小馬鹿にされているような感じもしていました。選手たちがその時、その時で置かれている場所を越えていくためにも『●●高校も大したことねえよ』という声掛けは、絶対に必要だと思っていたので。我喜屋さんのように、サラリと『よく勝った？　普通でしょ』と言えるようになりたかったのは事実です。

逆に甲子園で勝っていた頃は、名だたる学校と当たると子供たちも喜んでいましたよ。初優勝の時も、移動のバスの中で『キャプテン、横浜を引いてこい！』と言っていたぐらいなので。実際に横浜を引いた瞬間は、悲嘆にくれた声ではなく、苦笑いでも爆笑でもない本当の意味での奇声が上がりました。気の入った声だったので〝こいつら、本当にいいね。よしよし！〟と思うところはありました。そういう部分も、僕は我喜屋さんと似ているかもしれませんね」

〝甲子園？　それが何なの？〟と思える強さ

2010年、香田監督の姿は神奈川県にあった。当時は鶴見大部長として、神奈川大学野球連盟を主戦場に指導者生活を送っていた時期である。高校野球とはまったく違ったフィールドに立ってはいたが、それでも〝興南が勝つだろうな〟という予感はあったと振り返っている。

「我々の中には、長年培ってきた経験があります。それに基づいていろんなことを総合的に判断しても〝興南は強いな、勝ち上がるな〟と思っていました。大会に入っての強さを見ていると、あの年の興南は高校野球の流れをしっかり摑んだチームでしたよね。そのあたりは、チームや大会全体の雰囲気を見ながら、1試合を終えた時点で感じていました。それは春も夏も一緒です」

では、当時の興南を見ながら、どのあたりに強さを感じていたのだろうか？

「落ち着きですよね。変に浮かれた様子もなく、本当に落ち着き払ったみんなの表情に強さを感じました。常日頃から我喜屋さんに言われていることが、選手たちの間に行き渡っているんですよ。それぐらい、一喜一憂を態度に出すことなく、淡々と野球をやっていたじゃないですか。あの頃の興南は、少し前まで何年も甲子園から遠ざかっていたので、急に出てきたビギナーズラックみたいなところがあっても不思議ではないチームなのに、どこか『いつも来ていますが、何か？』と言わんばかりの顔をしているでしょ。『あぁ、ここは甲子園ですね。だから何ですか？』みたいな表情を、我喜屋さんだけでなく、選手全員がしていましたから。それって、本当に強い集団でなければできない芸当ですよ」

しかし、春夏連覇は想像以上に至難の業だ。センバツの優勝が一度もない香田監督だからこそ、春を勝つ難しさは身に染みて理解しているし、夏の「2・9連覇」を成し遂げたとはいえ、春から夏へと向かうわずかな期間がいかに大変かも知っている。

「センバツから帰ってきてからの日々には〝負けの要素〟が忍び込む余地が、たくさんあるんです。春に向けて、かなりハードな冬を越してきているので、どうしても一度は調子が落ち込んだり、怪我人も出たりするものなんですよ。私生活の部分でも、ひとつ間違えればチームの歯車が音を立てて崩れかねない危険性がたくさん入り込んできますから。僕もセンバツの後に思うようにいかないことが続き、本当に苦しい時期を経験しましたからね。この世界でよく言われる〝魔物〟って、じつは春夏の間の日々に潜んでいるのではないかと思います。そうは言っても、良い部分を残しながら、負けの要素が忍び込む余地を上手に排除していきながらやっていくのが我喜屋さんですからね。これは憶測に過ぎませんが、我喜屋さんは『優勝したから何?』、『どうせ夏は1回戦負けするよ、お前らは』というこことを平気で言えるタイプなので、春に優勝したから何かが変わるということは、いっさいなかったはずです。そもそも、春夏連覇どころか甲子園に出られるかどうかも保証されていませんからね。だから、夏の沖縄を突破して、甲子園に出さえすれば春夏連覇まで行くと思っていました」

そして、興南はあっさり夏の沖縄県を突破した。その時点で、香田監督は〝これは夏も勝つな〟と確信し〝やっぱり凄い人だな、我喜屋さんは〟と、あらためてその指導力に身震いしたのである。

我喜屋さんの出現は、高校野球界のターニングポイントになった

高校野球の現場を離れて、15年が過ぎた。その間に、甲子園では興南の春夏連覇があり、大阪桐蔭による2度の春夏連覇、仙台育英の東北勢初優勝、山梨学院による山梨県勢初優勝といった快挙達成が相次いだ。また、1週間500球ルールやタイブレーク導入といった歴史的ルール変更も行なわれている。昨今の高校野球は、香田監督の目にはどのように映っているのだろうか。

「高校野球界にはいないので、外から入ってくる情報ぐらいでしか判断できませんが、たしかに地方の子が都市部に進出する傾向が加速しているようですね。〝都市型〟の野球になっているとは感じます。また、都市部のチームは、みんな体がデカいし、野球そのものの強さも抜けています。なかなか地方のチームが勝つのは難しくなっているのは間違いないと思います。ただ、野球の技術+フィジカルを備えた都市部の強豪が、より〝心〟を込めたチーム作りをしていけば、いよいよ本物の強さを備えたチームになるでしょう。それこそ、今後は何連覇もしてしまうような強さを持ったチームが出てきても不思議ではありません」

野球+フィジカル+人間力。これらを高いレベルで備えたチーム作りの傾向は、奇しくも2010年を境に加速していると香田監督は感じている。

「果たして我喜屋さんの影響なのかどうかは分かりませんが、我喜屋さんの出現が高校野球界のターニングポイントになった可能性は、多分にあると思います。それぐらい、当時の興南の強さは他校の監督さんにとって衝撃的だったはずですから。田舎の小さな子たちが、春夏の甲子園を獲ったわけですからね。一方で、全国の〝アンダー何々〟とか錚々たる実績の選手を集めたチームが、興南には勝てませんでした。〝クソッ！　いったい何が足りなかったんだ〟と、自分たちを見つめ直すきっかけには、間違いなくなったと思うんですよ」

一方、駒大苫小牧時代の香田監督が理想としたチームは〝オール道産子〟の「全道チーム」だった。我喜屋監督の掲げる「地産地消」と方向性は同じである。香田監督が生まれ育った佐賀県が、まさに地元の子供たちによる地元のための野球部ばかりだった。そのうえ、公立高校志向が強く、学力のレベルによって進学する高校が決まっていくというような環境でもあった。だから、その感覚は今でも染みついているのだという。

「ウチ（駒大苫小牧）が初めて甲子園で優勝した時には、ベンチの中には僕を除いたすべての者が北海道出身でした。監督をやっていた最後の方は、話があれば全道のあちこちに行っていましたよ。とは言っても、北海道は九州よりも広いので、旭川の選手は他県から獲ってくるようなものですけどね（笑）。田中将大も、自ら望んで兵庫県から北海道まで来てくれた選手です。もちろん甲子園で勝っていた時には、道外からのアクションも多くなりましたが、基本的には北海道の中しか回っていません。道外まで選手を見に行ったことは、一度もありませんでした」

〝マー君〟田中が「3年間、駒沢でやりたい」と言ってきた当初、香田監督は〝一度しかないこの子の人生、北海道まで来て本当に大丈夫かな〟と葛藤し「ウチとしては、もちろんダメではないですけど……」と煮え切らない態度を取っていたという。在学中も〝本当に北海道まで来て良かったと思ってもらえるのかな〟と考えながら、指導にあたっていたそうだ。

「やっぱり高校野球は〝おらが町のチーム〟で各都道府県大会を戦い、甲子園に行けば一転して〝都道府県対抗戦〟となり、さらには〝東北勢〟、〝九州勢〟というように、近隣地区を応援する独特の文化がありますよね。公立私学に関係なく、僕は今でもそういう文化の継承が重要ではないかなと思っているんです。もちろん、よそから選手を連れて来ている学校に対して文句も否定もありません。子供たちが有名な強豪校に憧れを持ったり、都道府県を跨いで越境入学したりすることも、普通のことだと思います。逆に、出て行かれた方は、地元に残ってもらえるような魅力のあるチームを作る努力を惜しんではいけませんよね」

日本の両端を野球の中心地にした

2012年、香田監督は社会人野球の西部ガス（福岡市）でコーチに就任。2017年から監督となり、現在に至っている。監督としては都市対抗野球に3度、日本選手権に2度出場し、2020年の都市対抗では8強進出を果たした。かつての我喜屋監督と同じ社会人野球の世界で監督を務めていると、あらためて我喜屋優という指導者の偉大さについて感じることもあるようだ。

「僕は都市対抗ベスト8が最高なんですけど、我喜屋さんは社会人野球というステージで頂点を極められました。本当にこの社会人野球の世界でトップを獲るというのは、至難の業なんてものではありませんよ。選手の技量を見てもプロの選手より上の部分は少なくないし、トーナメントとしては高校野球の一発勝負と同じような難しさもありますからね。

とにかくレベルが高すぎます。ましてや北海道の端っこで達成されているというのも凄いことです。僕は北海道の環境もよく分かるし、大昭和のグラウンドもよく知っています。それだけに、なおさら凄いと思うんです」

我喜屋監督は選手、監督として、アマチュア野球の頂点を極めている。しかも、北海道と沖縄という日本の両端で偉業を成し遂げた、稀有な野球人だ。

「日本の両端って、中央から見たら文化も野球もまったく異質ですからね。その両極端で極めた人。そして、その両端を、野球界の中心にしてしまった。それも、普通にやっちゃったわけです。我喜屋さんは、この僕に〝やれないことは、何ひとつない〟と思わせてくれた恩人です。その方が、今でも校長をやって理事長もやって、監督もやっているのだから、本当に凄いわ」

今後、同じ土俵で「我喜屋優vs杏田誉士史」の対戦が見られる日はやってくるのだろうか？　もし、両者の戦いが実現すれば、高校野球の世界にはとどまらない、とてつもなく大きなニュースになるだろう。

「もし、自分が将来的に高校野球のチームを持つことができて、我喜屋さんと戦えるぐらいのところまで到達していれば、当然やってみたいですよ。我喜屋さんは分からないけど、僕にとってはすごく感慨深い瞬間になるでしょうね。練習試合もいいけど、やっぱり甲子園みたいな舞台でできたら最高です。甲子園で相手側のベンチに我喜屋さんがいたら〝うわー、向こうにガッキーがおるやん！〟と舞い上がっちゃうかもしれませんけど（笑）」

高校野球史に大きな金字塔を打ち立てた師弟の対決。その試合は、再び日本野球界に大きなうねりを巻き起こす、歴史的事件になるかもしれない。

再び前進を開始した名将を支えた人や風土

春夏連覇は〝心の絆・結束〟を高めた

無二の親友と

前田成隆さん。我喜屋監督とは興南の同級生で、夏の4強進出で大フィーバーした「興南旋風」当時の生徒会長でもある。現在は横浜市内で薬事関係の会社を経営しながら、母校・興南の理事も務めている。我喜屋監督にとっては、何もかも腹を割って話ができる無二の親友と言える存在だ。

「僕らの頃は、興南高校もまだ創立から10年にも満たない若い学校で、いろいろややこしい問題も多かったんだよね。そういう難しい時代の中で、前田は『スポーツをやっている生徒はともかく、一般生は長髪でもいいじゃないか』と、丸刈り強制はやめようと学校に訴えて、実現させた凄腕の生徒会長だったの」

我喜屋監督が、まだ静岡県富士市の大昭和製紙本社でプレーをしていた当時、ふたりは劇的な再会を果たしている。高校を卒業後、都内の薬科大に進学した前田さんは、夏休みを利用してヒッチハイクの旅に出た。最終の目的地は、阪神甲子園球場だった。

その道中、大昭和製紙の工場脇を歩いていた時、前方から近づいてくる通勤途中の集団の中に、同級生の我喜屋優が紛れていたのだ。

「向こうから怪しい人間が近づいてきて〝おや?〟と思って、よく見たら前田だったの。『おう、我喜屋か!』と声を掛けてきたから『どうしたの、前田!?』と尋ねると『甲子園に向かっているんだ。お前だって行ったんだから、俺だって甲子園に行くさ』と言うんだ。それも、ヒッチハイクでだよ。その1週間ぐらい後に電話があって『甲子園に着いたぞ。そして今、俺は球場の前で校歌を歌っているぞ』と言っているわけ。それぐらい、前田は熱血漢なんだ。別に興南の応援に行ったわけではないの。『我喜屋が甲子園まで行ったんだから、俺は歩いてでも甲子園に行ってみせる』と。凄いよね」

高校時代、生徒会長と野球部の主将はそれほど近い関係ではなかったが、その出来事以降はお互いの関係がグッと近くなり、連絡を取り合うようになった。

現在は、我喜屋監督が甲子園出場を決めると、涙を流して喜んでくれる。「興南のためなら、なんでもやるよ」と言って、いろいろとサポートもしてくれた。理事会が開かれるたびに沖縄まで駆けつけ、我喜屋監督と酒を酌み交わしては涙ぐむほどの熱い人物だ。

それだけの関係性だから、我喜屋監督は本音を曝け出すことができるのである。

「母さん。俺、もう疲れたよ」

また、我喜屋監督には妻・万理さんという身近な相談相手もいる。北海道で知り合い、結婚した万理さんは、我喜屋監督が試合に負けた日も〝ハハハ〟と笑顔を絶やさず、平気で「あんた、もう辞めたら」と言ってくるほど、肝っ玉の据わった人だと我喜屋監督は言う。興南の監督に就任する際も、北海道を離れることに反対すると思っていたが「沖縄に行くんだったら、いいんじゃないの。あなたはどっちみち家には帰ってこない人なんだから」と言って背中を押してくれている。

その万理さんに、我喜屋監督が思いもよらぬ言葉をこぼしたのは、2022年の晩秋。それは、我喜屋監督にはまるで似つかわしくないひと言だった。

「母さん。俺、もう疲れたよ」

「春夏連覇の連中は、野球道という〝道〟を歩んでいたよね。ところが、時代の流れで、いろんなものが変わりすぎちゃった。今の保護者さんたちは、そんなことはどうでもよくて、個性を表に出そうとするわけだ。『ウチの子が試合に出る、出ない』、『なんとしてでも甲子園に』と言って、常に花ばかりを追いかける親になってきたの。一方で、自分のことを自分でできない子供たちが増えてきた。それは野球を教えていても一緒なわけさ。カミさんも『野球をやっていて〝疲れた〟なんて言葉、初めて聞いた』と驚いていたよ。僕の場合、常にプレッシャーの中にいるの。甲子園に連れて行かないといけない、出るからには全国制覇を目指さないといけない。同時に『いつまでやっているの？』、『どうして後釜にバトンを渡さないの？』という意見も聞こえてくるんだ。

24年間も甲子園から遠ざかっていたチームを、わずか4か月で甲子園に連れて行くことができたのは、精神的なものの植え付けに成功したからなんだよ。『ゴミ拾いの意味とは何なの？　カバーリングでしょ』と。そういうことを繋いでいきながら、いろんな委員会を作った。節約委員会とか、学力向上委員会とか。企業の中に安全衛生委員会があるのと一緒さ。そういうものを作って機能させながら、大人に育ててきた。ところが、最近はそれもまったく機能しないわけ。だから『もう、やめろ。委員会は解散だ！』とまで言っちゃったんだ」

そんな我喜屋監督に、万理さんはひと言だけ声を掛けた。「前田さんに会ってきたら」と。

富士山から「ごちゃごちゃ言うんでねぇ」と説教された

我喜屋監督は白老町出身者が集う「東京白老会」開催に合わせて上京。前田さんと会う約束も取り付けた。前田さんとの食事を前に、我喜屋監督は大昭和製紙時代の同僚や教え子らと静岡で再会し、ゴルフを楽しんでいる。目の前には、高校卒業以来、絶えず見守ってくれていた富士山の姿があった。じつはこの時、我喜屋監督は我に返るきっかけを得たのだと言う。

「富士山の顔を見た時に〝いつも僕が言っていることと逆じゃないか〟と思ったわけ。僕は沖縄の海を見て育った。富士山を見て育った。でも、どちらもじつは美しいだけじゃないんだ。沖縄の美しい海の底では魚が喧嘩しているし、弱肉強食の世界が繰り広げられている。富士山を見た人は『綺麗』とか『日本一』とか言うけど、じつは日本一険しい山でもあるんだよね。樹海があって、自殺者もたくさん出ている。そういった悲惨なことも多いんだけど、そういう部分を見せないでしょ。しっかりと雪を受け止めて、一生懸命耐えながら40、50年後に湧き水となって人を潤す。僕はいつも高野連の中でそういうことを言っているのに、逆の人生を決断しようとしていたわけさ。

富士山が僕に『そうか。分かった。でも、ごちゃごちゃ言うんでねぇ』と言っているのよ。そして、こう言うわけ。『私だって、辛いことは進んで顔には出さないだろ。お前はいろいろ悩み事があると言っているけど、もう迷うな。沖縄の海だって、サメが出てくることもあるけど、多くの観光客を喜ばせ、いろいろと潤しているだろう。だから、嫌な時に投げ出すんでねぇ。ちゃんとした時にバトンタッチをしろ』とね」

気持ちの切り替えに成功した我喜屋監督は、富士山に諭された内容や、自らの気持ちを包み隠すことなく前田さんに話した。あらためて、お互いが歩んできた人生についても語り合った。

富士山は、捉え方によっては人生の親にもなる。外見の美しさだけを見て判断してはいけない。そして、いくつも存在する登山道も、ひとつとして同じものはなく、どのルートを選択しても厳しい道のりが待っている。頂を極めることの過酷さを、富士山は親のように教えてくれるのだ。「俺も毎日、マンションから拝んでいるんだ」と言う前田さんとともに「日本国民はそういうふうに富士山を見るべきだ」と、ここでも意気投合するふたりだった。

「70歳を越えて、友人とこういう関係を築いていられるというのが、すごく幸せなことだよね。彼と僕には共通していることがあるんだ。昔はたしかに苦労したし、逆境を経験したかもしれない。だけど、乗り越えた男というのは、結果的に穏やかになるんだ。とても優しい顔になるの。僕はケンタッキー・フライドチキンのカーネル・サンダースが好きなんだ。あの人もそうとうな苦労を経験してきたから、あんな穏やかな顔になっているわけ。だから僕は、講演の中で女性にはこう言うんだ。『背が高いとか、お金持ちとか、いろいろ揃っているとかではないんです。その人の表情を見れば、いろいろ苦労した結果、成功している人たちが分かるはずです。そこをしっかり見極めてください』とね」

それぞれの道で頑張る教え子たち

振り返れば、そこには自慢の教え子たちがいる。たとえ高校時代にメンバー入りはならなくても、ベンチ入りを果たせなくても、着実に人生のスコアボード上に加点を続ける孝行息子ばかりだ。

国吉大陸は沖縄で公認会計士として活躍している。歯科医を目指して頑張っている者もいる。大エースの島袋は、華々しい表舞台と日陰の両方を経験しながら、野球選手としての人生を全うした。そして現在は、酸いも甘いも味わった現役時代の経験を活かしながら母校・興南で頑張っているのである。

「人生を見据えて施してきた教育が実を結んでいると、胸を張って言えるよね。やっていることは厳しいし、他人から笑われるかもしれないけど『あの時の教えがあるから今がある』と、10年後に言ってもらえればいい。ある日、銀行に立ち寄ってみると、行員から『我喜屋さん、本当にありがとうございました』と頭を下げられたんだ。感謝されるような心当たりがないから理由を尋ねると、僕の教え子がその銀行に就職したらしいんだ。そして『ウチの行員たちと違って、トイレ掃除はするしスリッパも並べるし、朝はゴミ拾いまでしてくれます』と言うの。『そんなことは当たり前でしょう』と返したんだけど、他の人間はそこまでしないんだと言うわけ。それだけ〝ゴミ拾いとは、カバーリング〟という精神が、彼の中では当たり前になっているんだ」

掃除していないから汚いのは、人のせいではない。気が付いたなら、自ら動いて綺麗にしてあげればいい。しっかりカバーリングしてあげれば、次の人が気持ちよく使用できる。ゴミを捨てたのは大人かもしれない。タバコを吸っていたのは大人かもしれない。しかし、我喜屋監督は「お前たちが大人になって拾ってあげればいい」と言い続けてきた。そして、教え子たちは、どこへ行ってもその教えを守り続けている。やがて、教え子たちが人の上に立つリーダーとなった時、興南・我喜屋優監督の教えは、そこからさらに次の世代へと継承されていくことになるのだ。

「でも一番困るのは『監督、結婚します』、『監督、子供ができました』という報告だよね。財布の中がどんどん空っぽになっていくから（笑）。ウチのカミさんからは『ウチの子には何もやらないくせに、人の子にばっかり物をあげて』と笑われるけどね。もう教え子がみんなそういう年代に差し掛かっているし、もっと言うと大昭和の監督時代からずっとそういう状態が続いているわけ。冠婚葬祭、出産祝い、入学祝いまですべてだから。社会人が終わって、それがようやく終わったと思ったら、興南に来てからもずっと続いているんだもん。もちろん、ありがたいことだけどね。僕の中では『お前たちのおかげで、俺も〝良い監督〟と言われているんだ』という思いがあるの。それはカミさんも同じで『点を取ったのはあの子たちでしょ』といつも言っているよ。だから、彼らにしてやれることは、最大限してあげないといけないよね」

卒業生は各学年に40人、多い時には50人。ピーク時には3学年で約150人ということもあった。そして、そのすべてが入れ代わり立ち代わりで我喜屋監督を訪ねてくるのである。我喜屋監督にとっては、嬉しい悲鳴か。しかし、このことだけは間違いないと、自信を持って言うのだ。

「そういう機会も、春夏連覇の後にグンと増えたよね。春夏連覇とは心の絆、結束を強めるうえで本当に大きな出来事だった」

おわりに

あの門馬敬治監督が〝誰か、もう試合を止めてくれ〟と切望したというのだから、いかに2010年夏の決勝戦が異様な雰囲気だったかが分かる。

私自身、あの日の景色を忘れることができない。大混雑が予想されたため朝早くに球場へと向かったのだが、到着した阪神甲子園駅前がすでに非日常の空間と化していた。球場を目指して行列を成す大群衆の数は、なんと5650人。球場前広場の体感温度は、午前8時過ぎの時点で40℃を超えていたのではないかと思うほど、凄まじい熱気に包まれていたのだった。

この日、4万7000人を収容した巨大スタンドが、三塁側アルプスを除いて瞬く間にオレンジに染まっていく光景も忘れられない。そして、選手がグラウンドに姿を現す前から、球場の大半以上を占めた興南ファンからは大歓声が自然発生し、スタンドのあちらこちらで沖縄音楽を合唱するグループも出現した。吹き鳴らされる指笛はますますボリュームを上げ、我喜屋監督を先頭に選手たちが入場してくると、銀傘を突き破るのではないかというほどの大歓声がいっせいに沸き上がったのである。

試合前から完全に〝出来上がった状態〟の甲子園。正直なところ〝仕事にならない！〟と思った。そのうえ、甲子園ではあり得ないウエーブの発生である。敗れた東海大相模の選手が「孤立している気がした」という談話を門馬監督は残したが、その気持ちも充分に理解できる。〝一刻も早く終わらせてくれ〟と感じるぐらい、あの日の甲子園は異質な空間だったのだ。

たしかに、この年の興南は強かった。完全無欠の野球。隙を見せない大人の野球。徹底力、人間力……。そういった様々な強さを備えたチームでなければ、春夏連覇という偉業を達成することなど到底不可能だろう。しかし、当時の興南には、もうひとつ大きな力が備わっていた。人々に応援される力、つまり「大衆を味方に付ける力」である。門馬監督も文中で述べていた、他チームに比べてズバ抜けて高かったのだ。いや、それ以降の甲子園を見ても、あの年の興南以上に大衆を引き付けたチームは現れていないかもしれない。

我喜屋監督は東海大相模との試合前取材で「沖縄県民と私たちの気持ちが、ひとつになる2時間半になる」と語った。

首里が県勢初の甲子園出場を果たしたのが、依然としてアメリカの統治下にあった１９５８年夏。選手が持ち帰ろうとした甲子園の土が「外国の土」と見なされ、検疫法によって海に捨てられた話はあまりにも有名だ。我喜屋監督も主役のひとりに名を連ねた1968年の興南旋風当時も、甲子園遠征にはまだパスポートが必要な時代だった。大会中には記者から「普段の日常会話は英語なの？　日本語なの？」といった差別的な質問が浴びせられたこともあった。

1972年の本土復帰後も、県勢が何度挑んでも跳ね返され続けた高い壁。それが夏の甲子園だった。しかし、我喜屋監督は自らに言い聞かせるような強い口調で「県民がひとつになる2時間半」と宣言した。我喜屋監督はその瞬間、沖縄県と沖縄県高校野球の歴史を背負ったのではないか。囲み取材の隅でメモを走らせていた私は、この発言を我喜屋監督の強い覚悟と受け止めたのである。

「甲子園とは〝おらが町の代表〟による戦いの場だ」と、香田監督は言った。それぞれに異なる地域性、県民性、風土、歴史といったすべてが誇り高き地域の文化となって、甲子園のグラウンドに集結するのである。

門馬監督は、逃げ出したくなるようなあの異様な空間に身を置きながら〝でも、これが本来の高校野球の姿なのかもしれない〟と感じたという。たしかに2010年の興南は、人が応援したくなるようなチームだった。沖縄の子供たちが地元を意識し、沖縄の歴史を背負うことで、県内では完全に〝おらが町〟の代表として誰もが認める存在となったのだ。

これほどまでの濃厚な郷土色を打ち出して優勝したチームは、２０１０年の興南が最後なのではないだろうか。

冒頭でも述べたように、２０１１年以降は春夏の甲子園23回のうち、近畿勢が11度、関東勢が９度優勝しているが、それ以外の優勝は春が２０１５年・敦賀気比、２０１９年・東邦、夏は２０２２年の仙台育英のみだ。

２０１０年以前は２００９年春の清峰、２００８年春の沖縄尚学、２００７年夏の佐賀北、２００４年から夏の連覇を果たした駒大苫小牧、２００４年春の済美、２００２年夏の明徳義塾など、21世紀に入ってもなお、関東・近畿以外の地方からも甲子園優勝校は出ていた。しかし、年々地方の中学生が都市部進出を目指す傾向は進んでおり、彼らを巡る争奪戦も激化する一方だ。将来的には、地方の学校が勝つチャンスはさらに少なくなっていくだろう。

沖縄県だけを見れば、興南の優勝を境に中学生流出が一気に加速したのは間違いない。沖縄県出身選手の身体能力に惚れ込み、獲得に乗り出す本土の学校が激増したからだ。それは我喜屋監督も認めている。一方では、興南の優勝を見た沖縄県の子供たちが「自分たちも甲子園で優勝したい」と考え、自ら本土の甲子園常連校を目指すケースも増えているという。そういう意味では、我喜屋監督率いる興南の快挙が沖縄県の子供たちの意識を大きく引き上げ、チャレンジ精神を育てたのも確かなようだ。

社会人野球で活躍する香田監督は「野球の技術＋フィジカルを備えた都市部の強豪が、より〝心〟を込めたチーム作りをしていけば、いよいよ本物の強さを備えたチームになる。それこそ、今後は何連覇もしてしまうような強さを持ったチームが出てきても不思議ではない」と言った。2010年以降、大阪桐蔭は2度の春夏連覇を含む7度の全国制覇を達成している。香田監督の予言は、すでに現実のものとなりつつあるのだろうか。

また、香田監督は「我喜屋さんの出現が高校野球界のターニングポイントになった可能性は多分にある。田舎の小さな子たちが、春夏の甲子園を獲った一方で、全国の錚々たる実績の選手を集めたチームが、興南には勝てなかった。それが自分たちを見つめ直すきっかけには、間違いなくなっているはず」とも証言している。

2010年の強すぎた興南が、高校野球界の流れを変えてしまったのかは定かではないし、断定もできない。しかし、時代は確実に変わった。その歴史的な転換期に、興南が高校野球界の中心にいたことだけは疑いようのない事実なのだ。

2023年5月

加来慶祐

我喜屋優
甲子園の歴史を動かした男

2023年６月23日　初版第一刷発行

著　　者／加来慶祐

発 行 人／後藤明信
発 行 所／株式会社竹書房
〒102-0075 東京都千代田区三番町8-1
三番町東急ビル６F
email：info@takeshobo.co.jp
URL　http://www.takeshobo.co.jp

印 刷 所／共同印刷株式会社

カバー・本文デザイン／轡田昭彦＋坪井朋子
カバー写真／日刊スポーツ（アフロ）
取材協力／小倉全由（前日大三監督）・門馬敬治（創始学園監督）・香田誉士史（西部ガス監督）・島袋洋奨（興南コーチ）
特別協力／我喜屋優（興南監督）

編 集 人／鈴木誠
